子育て支援の危機

—外注化の波を防げるか—

前原　寛

創成社新書
24

はじめに

「子育て支援」という用語が、日常的に使用されるようになってかなり経ちます。この用語が使用され始めた背景には、「子育ての責任を家庭のみに押しつけるのではなく、社会全体で支え合う」という意味がありました。その最前線を、保育園や幼稚園などの保育者が担ってきたという経緯もあります。

しかし、現状において、「子育て支援」の名の下に、子育てを社会全体で支援するのではなく、ある特定の部分に子育ての責任を負わせるという「外注化」の波が浸透しているように思われます。いつしか、保育者自身もその歯車のひとつとして組み込まれていくような事態も生じています。善意をもって取り組まれている子育て支援が、その善意さゆえに外注化にすり替えられるという現実も起きています。

その中で翻弄されるのは、当事者である子ども自身です。

本書では、子育て支援の先端に位置する保育園という現場からの視点を元に、子育ての支援と子育ての外注化とにかかわる混乱を、身近なエピソードや出来事を取りあげながら考察し、現代社会における子育て支援の在り方を探ることを目的としていきたいと思います。

なお、児童福祉法の規定では「保育所」ですが、一般に親しまれている呼び名として「保育園」を使用することを、本書では原則としていることを申し添えておきます。

二〇〇八年四月

前原　寛

目次

第1章　便利さを求める社会

「地域の活性化」という決まり文句に潜むもの

シャッター街という言葉がよく聞かれるようになりました。地方都市において、とくに目立っています。シャッター街とは、古くからの店が連なった商店街に、閉店してシャッターを下ろしたままになったところが増えた状態をいいます。そうなる理由のひとつが、郊外に進出してきた巨大なショッピングセンターです。客足がそちらに流れてしまい、中心街から遠のくからです。

当然、古くからの商店街も巻き返しを図ります。「地域の活性化」というかけ声とともに、色々な方策を展開します。その中のひとつに、子育て世代の呼び込みがあります。子ども連れの若い世代に、足を運んでもらおうというのです。その手立てとして、子どもの託児があります。子どもを預かることによって、母親に身軽になってもらって、消費活動を活発に行ってほしいというのがねらいです。

商店街の一角に託児所を作って、いつでも子どもを預かれるような「ドロップイン」方式を採用しているところがあります。また、フィットネスクラブなどが、利用者専用の託児室を設けているところもあります。そこでは、たとえば、「買い物、リフレッシュのための美容院、フィットネスクラブなど、気軽に子どもを預けられることによって、若い世代が足を運んでくれるようになる」という発言が聞かれます。それは、東京や大阪のような大都会の話ではなく、地方都市においても、同様です。いやむしろ、過疎化と少子化の影響が強い地方の方が、より積極的かもしれません。

このような例を見てくると、何か違和感を覚えます。確かに、子育て支援が喧伝される昨今、あちこちに子どもを預かる仕組みが広がっています。でも、何か引っかかるものを感じます。それは、子どもがモノになっているような感覚を覚えるからです。

商店街に設置されたドロップイン方式の託児所に、荷物預かり所のイメージをもってしまうのは私だけでしょうか。相応の値段を支払えば、いつでも預けられ、いつでも引き取ることが可能になっているという仕組みなのですから。

もちろん、色々な事情で子どもを緊急避難的に預けられる場所が必要な事態になることもあります。そのようなことまでとやかくいうつもりはありません。また、就職活動として会社の面接を受けるときなど、子ども連れではまずいこともあります。そのような場合の子どもの託児の必要性も分かります。

しかし、ショッピングやフィットネスなどでも、子どもを預けるということに違和感を覚えるのです。どうして子どもと一緒の時間を過ごせないのでしょうか。

ショッピングをするとき、子どもと一緒だと邪魔だ、というのでは、子どもの立つ瀬がありません。子ども自身が、除け者にされたかのような感覚を覚えてしまうかもしれません。「自分はお母さんから離されてしまうんだ」と思わされるのは、小さな子どもにとってはつらいことです。親子、とくに母子が一緒に行動できるようになっていないところに、問題があります。

先に挙げたような例では、母親の都合が優先的に取りあげられます。預ける場所があるから、自分の好きなことがゆっくりできてよかった、というような言い方が多いのも事実です。そこでは、子どもの言い分が聞かれることはあまりありません。

子育て支援とは、子どもと家庭を支援するものです。子どもと家庭は切り離すのではなく、それぞれがひとつの生活体であることを前提になされるものです。子どもを親と切り離していくことには、慎重に考える必要があります。繰り返しますが、就職面接時に子どもを預けられる場の必要性とか、急病のときの対応であるとかは、別です。そうではなく、親子が一緒にいられる場でも、子どもを託児という機能で、親と切り離すことを懸念するのです。

ショッピングなどは、親子で行動してもおかしくありません。というよりも、子どもはそのような機会に、漠然とでしょうが、社会の仕組みにかかわることになります。それに、母親と一緒にいられることは、子どもにとって素朴に嬉しいことです。事実、以前は親子連れの買い物は珍しいものではなく、日常の風景に溶け込んでいました。

それがなぜ母子を切り離すようになってしまうのでしょうか。それは、子どもが邪魔者扱いされているからです。また、赤ちゃんを乗せたベビーカーを押して歩くには不向きな作りになっている店も少なくありません。

あるスーパーでは、二階がベビー用品などの売り場になっているため、ある母親は、階段下に子どもを乗せたベビーカーを置き、なるべく短時間で二階へ行って買い物を済ませてくるといいます。戻ってくるまで、子どもが無事でいるかハラハラしながらの買い物です。それも子どもひとりならできるかもしれませんが、子どもが二人、三人になると難しくなります。父親の仕事休みの日に、家族総出で外出しないと買い物ができない、ということになってしまいます。

どうしてベビー用品が二階にあるかというと、よく売れる商品が一階の便利なところに配置される関係だそうです。このように経済を優先してしまう感覚が、母親にとって利用しづらい状態になるようなケースもあるのです。

巨大なショッピングセンターでは、その辺のことを考えているのでしょう。子どもを乗せて動き回れるような大きなカートが用意されています。フロアも、段差をなくして、バリアフリーを実現しています。それを使えば、赤ちゃん連れであっても確かに便利で、行動が容易になります。

ところが、赤ちゃんを乗せたこのカートが、ほかのお客さんには邪魔に感じられます。確かにかなりのスペースを必要とします。ある独身女性が、「大きなカートで動き回られると自分たちの進路がふさがれたりするため、移動しにくい、赤ちゃん連れの母親は他人の迷惑を考えてほしい」といったのを聞いたことがあります。

また、お店の側も、商売のために、多くの商品を所狭しと並べる傾向があります。そのため、本来ならゆっくりと通れる場所が、窮屈になっていたりする場合もあります。これなども、経済優先の感覚の表れです。

しかし、理由はそれだけではなさそうです。寛容さの問題といえそうなものがあります。近年になって、社会から寛容さが薄れてきている、低下している、と感じられるところがあります。

たとえば、お年寄り、高齢者というと、穏やかな人柄というのを連想します。年をとると丸くなる、といいますし、長老というのは賢者のイメージです。

しかし、現実はどうも異なります。高齢になるに従って穏やかになってよさそうなのに、逆に切れやすくなっている人が増えていることを、『暴走老人!』(藤原智美、文藝春秋、二〇〇七年)では取りあげています。そこには、いささか信じがたい例がいくつも挙げられています。税務署で、デパートで、病院で、なぜそれほどまでに暴走しなければならないのか、と思われるような高齢者の姿が描き出されています。そのことについて、著者は、待つことと待たされることに焦点を当てて論じています。

「ケータイという道具は新しいコミュニケーションのあり方を社会にもたらした。それと同時に、私たちから「待つこと」を奪い取っていった。

ケータイ登場以降、人の心理は、「待つ」から「待たされる」にシフトしたのではないか。そして「待たされること」は、人の感情を苛立たせる大きな要因となった。」

（『暴走老人！』藤原智美、文藝春秋、二〇〇七年）

ここに指摘されているように、「待たされる」つまり自分の行動を妨げられることに対しての寛容度が低くなっているのです。ケータイで待ち合わせをすると分かりますが、ピンポイントのタイミングで人と出会えます。大まかな時間と場所を決めておいて、近づいたらケータイで連絡を取り合い、微調整しながら落ち合うというのは、ごく普通の行動になっています。

かりに、約束の時間に相手が現れなかったら、即座にケータイを取り出して当人と連絡を取ります。そしてその後の行動を決めます。

かつては、待ち合わせの場所に相手が現れないことはよくあることでした。その場合は、仕方なく待たざるをえませんでした。二〇～三〇分、人を待ったり、待たせたりすることも珍しくありませんでした。

今では、ケータイが単なる待ち時間を消してしまいます。かりに遅れる場合でも、連絡を取ると、どのくらい遅れるかというタイムラグが明確になります。

待たなくていい時代になったため、逆に待つこと、つまり自分の行動を妨げられることに過敏に反応するようになったと言えます。

これは、個人の資質というような問題ではなく、社会全体の資質の問題であると感じられてなりません。

そして、このような寛容さの低下は、子どもへ向けられます。以前であれば、子どもだから仕方がないね、と大目に見られていたような行動も、現在ではトラブルに発展しかねません。子どもこそ、予測のつかない行動をする存在ですから。

その例のひとつが、子ども連れのカートが幅を利かすことに我慢がならなくなるということです。

また、幼児の手を引いて買い物をしている母親が、その子の行動のため周囲の人からよく思われないということも珍しくありません。

さらに、現代社会では、人間関係の微調整が重要になっています。他者を傷つけないように、他者から傷つけられないように、することが最優先の配慮事項といってもいいほどです。そして、人間関係の問題を拡大して適用する傾向が強くなっています。

香山リカは、就職の面接ですら、人間関係を適用する若者の姿を紹介しています。

「いまの若者たちにとっては、仕事の内容うんぬんよりとにかく重要なのは人間関係なのだ。

そしてその人間関係で自分が感情的に被害を受ける、嫌われるというのはとにかく耐えがたいことなのだろう。

さらには、その人間関係が職場などの社会的関係なのか、それとも友だちや恋人などプライベートの関係なのかをうまく区別し、自分の感情を使い分けることは、いまの若者たちにはきわめてむずかしい。だから相手も同じように自分を感情的に評価しているものと解釈してしまい、面接での人事担当者の「どうしてわが社を志望したのですか」という質問を「この人は私を嫌っている」と感じ、大学の試験での「C」という評価を「先生は私のことがイヤなんだ」と解釈する。「面接官や教員は相手をいちいち好き・嫌いでなんか見ていないよ」と説明しても、「好き・嫌い」でしか人間関係を築けない彼らには、すぐには信じてもらえないかもしれない。」

（『就職がこわい』香山リカ、講談社、二〇〇四年）

このような傾向は若者だけではなく、その上の世代にも見られます。すべてにおいて人間関係を優先してしまい、傷つくことをおそれ、それだけにちょっとしたことでも大きくダメージを受けてしまいます。

そんな中で、子どもはまだ人間関係の機微が分かりません。ですから、子どもの行動を迷惑である、あるいは攻撃的要素を含むものであると理解してしまい、自己防御に走る人も出てきます。それがつまり、子どもの行動が、他の人への迷惑としかならない、あるいは子どもの行動を寛容に受け入れる他者が少なくなっていることにつながっていきます。社会全体の傾向がそうですと、親も子どもと一緒の行動をうまくすることが困難になります。

このようないろいろな条件が重なって、子どもがいつしかモノのように扱われていくようになります。子どもは別なところで預けられていればいい、そのような発想から、子どもを荷物のように預かる場所が求められてきています。

子育ての外注化という波

子どもがモノのように扱われる、そのことは、子育ての外注化という言い方で整理できそうです。外注化というのは、自分のすることを他者に肩代わりしてもらうことです。そこには、自分の責任を他者に転化するというニュアンスも含まれてきます。

子育ての支援とは、本来は密室化していた子育てを社会の総意でもって支えるということす。それは、子育ての社会化と呼べるもので、外注化とは異なる概念です。

ここで論じていきたいことは、子育て支援というかけ声の下に行われてきたことが、子育ての社会化ではなく、子育ての外注化となってしまっているということです。そしてそれが、どのようにして起きたのか、どのような方向に向かおうとしているのかを考えていきます。

外注化そのものは、社会の隅々まで浸透しています。何万年か遡れば、人類にとって自分のすることは自分でまかなうというのが当然だっただろうと思われます。もちろん自分ひとりですべてをまかなうというと言い過ぎでしょうが、自分の家族や近い人たちだけで完結した社会だったのではないかと思います。

それが現在では、多くのことが外注化されています。外注化といっても何か特別のことを指しているわけではなく、周辺にありふれた形で存在しています。

外注化の典型が、ビジネスや商売です。たとえば、自分の着る服について、自分で布を織り仕立て上げるということは、ほとんどないでしょう。しかし、数十年前までは、子どもの着る服は親が縫っていた、という時代がありました。また、花嫁の持参品として、自分で着物を縫っていたという話も聞くところです。昔話ではありますが、人間の歴史からすると、ごく最近のことです。しかし、その場合でも、材料である布は購入しています。布そのものから作るということは、まだ時代が遡ります。

「鶴の恩返し」という話をご存知でしょうか。昔話ですが、一般には木下順二の戯曲『夕鶴』として膾炙《かいしゃ》しているかと思います。その中で、「決して見てはいけません」といわれていたにもかかわらず、覗いた与ひょうがそこで見たのは、自分の羽根を取りながら機を織っていた鶴の姿でした。それが上等の織物になっていたのです。

機織り伝説ですが、その状況は、着物の布も手作りをしていたということを示しています。そこでは、外注化がまだ成立していません。服という誰もが着なくてはならないものも、ごく限られた狭い範囲で作られていて、お店で買うようなものではなかったのです。

今では、手作りの服というのは特別のものになっています。私たちが身につけているものは、普段着のカジュアルなものから礼装のフォーマルなものまで、すべてどこかのお店で購入したものが普通です。つまり、服を着るためには、他者に仕立ててもらったものをそれなりの金額で購入するという手順を踏んでいます。今着ている服が、どこで作られたものなのか、誰が仕立てたものかは、わからないまま着用しています。このような仕組みを外注化と呼んでいるのです。

服を作るのは、自分ではない誰かです。ですから、その服に何らかの不具合があったとき、私たちは購入した店にクレームをつけます。このような服を作った責任は、他者にあるというのが前提であり、そのためにお金を払っているという感覚があるからです。このような外注化のシステムは、一般には、商売とか経済活動とかいわれています。

そういえば、「商」という漢字には面白い由来があります。『大漢和辞典』で「商」を引くと、

「殷の都の名。殷滅亡後、遺民が行商に従事し、あきなひの意となる。」

(『大漢和辞典　修訂版』諸橋轍次、大修館書店、一九八四年)

と説明が載っています。殷という都は、商という名であったというのです。商は、その時代の国名だったといえます。商は、周によって滅ぼされます。滅ぼされた商という国の人々は、生計のために物の売り買いをするようになり、それを「商い」と呼んだというわけです。

商いすなわち商売というのは、外注化をすることです。自分ですることを、金銭の支払いをもって他者にしてもらうということですが、「商」という漢字の語源がこれだとすると、ずいぶん古くから外注化があることになります。商が周に滅ぼされたのは、紀元前一一世紀頃といわれていますから、今を去ること三千年以上も前のことです。そのころすでに外注化が始まっていたわけですから、ずいぶん古いことが分かります。

ただし、白川静によると、この説は誤りであると否定されていることを指摘しておかないと不公平でしょう。そこには次のような記載があります。

「商に商業・商賈の意があるのは、亡殷の余裔が、国亡んでのち行商に従ったからであるとする説もあるが、商には賞の意があり、代償・償贖のために賞が行われるようになり、のちそのことが形式化して、商行為を意味するものとなったものと思われる。」（『新訂　字統』白川静、平凡社、二〇〇四年）

諸橋轍次と白川静とどちらの説が正しいかは分かりませんが、外注化の意味になる商いが、ずいぶん古い時代からあることが分かります。そのような意味で、外注化そのものは現代に特別なシステムというようなものではありません。むしろ、歴史的に古い時代から、人間社会につきもののシステムだったのです。

しかし、現代社会は、すみずみまで外注化の行き渡った社会であるとはいえます。日常のあらゆるものが外注化されています。

食事を例にとってみると、しばらく前までは家庭で手作りするのが一般的でした。買ってすぐ食べられる食材は、菓子パンなど限られたものしかありませんでしたし、外食も日常的にできるものではありませんでした。弁当といえば愛妻弁当や母親弁当であり、ひとり暮らしの独身者は自炊をするものでした。

それが今では、手作りを一切しなくても日常の食事は困りません。外食は、ファーストフード、ファミリーレストランがあり、コンビニですぐ食べられる弁当も販売されていて、困ることはありません。お正月のお節料理も、予約しておけば立派なものが用意されます。子どもの運動会の昼食を仕出しに頼むのも普通になっています。台所に包丁もまな板もなくても困りません。

ほかの例を挙げるなら、ハウスキーピングがあります。家の中の掃除は、最近まで住居人の役割でした。そこにも外注化が及んでいます。週一回などの契約で、ハウスキーピングすなわち掃除をするというビジネスが、徐々に広がっています。

このように見てくると、生活にともなうさまざまな家事が外注化されているのが分かります。そして、外注化は対価をともないます。つまり金銭を支払えば、相応する外注サービスを受けられる社会になっているわけです。

その外注化が、子育ての領域にも広がってきています。そのことが、子育て支援の危機を招いています。なぜなら、外注化とは、対価に相応するサービスを提供することですから。つまり、子育てを、お金を払ってほかの人にしてもらおう、という感覚が生じてきます。

子育てを他者に肩代わりしてもらうということは、自分が子育ての主体であるという意識を弱くします。子育てを、親と地域が一緒に支え合いましょう、というのであればいいのですが、子どもをほかの人にゆだねてしまう、そのためにお金を払うというのとはずいぶん違いがあります。

お金を払っているのだから、子育てのサービスをされて当然、という感覚です。逆にいえば、お金は払うからサービスして、ということです。

子育てはお金に換えられない、それが常識的な理解だと思われますが、外注化サービスの進んだ現在、子育てもコストパフォーマンスの感覚で理解される傾向が強くなっています。ですから、一日当たり、時間単位で子どもを預け、その対価を支払うことに抵抗が少なくなっています。

保育園に子どもを預けている保護者にも、そのような声が聞こえるときがあります。保育料を払っているのだから、もっと長時間預かってほしい、という要求は珍しくありません。

保育園の保育運営費は、国の基準と地方自治体の独自基準とによって決定され、そのうちの一部が保護者負担となります。たとえば、筆者のいる地域は、地方自治体の独自基準がなく、国の基準のみによって保育運営費が決定されます。二歳児ですと、月額で約十万円になります。しかし、保護者で十万円の保育料を負担している人はいません。高い人で二万円から三万円程度です。三万円の保育料を負担していても、保護者本人は高いと感じるかもしれませんが、残りの七万円は公費すなわち税金でまかなわれているのです。保育料分でいえば、三万円では、三分の一のサービス分にしかならないのです。子育てを補完する保育には、それだけの経費が必要とされるのです。それでも、保育園の保育士は、民間の場合、給与の低さが問題になっています。

東京都のある認可外の保育園ですが、そこは女性医師の子どもの保育に特化していいます。認可外でありながら、認可保育園と同等の保育サービスを打ち出していますが、その保育料は、月額二〇万円です。なるほどこれほど高額なら、保育も充実できるでしょう。しかし、それだけの費用負担できる保護者は間違いなく少数派です。大多数にとっては、利用したくても利用できない保育サービスです。ですから、認可保育園が公費負担を受けて保育サービスを展開しているのです。

ここでいいたいことは、子育てを補完する保育サービスは、経済論理でいえば、高額の商品にならざるをえない、ということです。それが、もっと安価で利用できるような錯覚があるのは、保育園保育が、児童福祉の観点から、すべての保育に欠ける子どもの保育を対象として展開するために、公的サポートシステムとして成立しているからです。

実際、母子家庭や生活保護家庭などの場合、保育料が無料になることがあります。低所得層の場合、月額数千円の保育料ということもあります。システムを理解していないと、表面的にはいかにも安価で保育サービスが受けられるかのような錯覚を覚えるのも無理はないかもしれません。

また、お金を出せばほとんどあらゆる外注化サービスが受けられる社会となっているために、子育ても例外ではないと思い込んでしまうということもあると思います。

子育てに限らず、もっとも高価なサービスは、ヒューマンサポートです。人が人に対して行うかかわりによって生じるサービスは、現代社会において、もっとも高価なサービスであるといえます。高齢者の介護をまかなう介護保険において、自己負担額が高額化することの問題は、やはりそこにあります。障害者自立支援法が批判に曝されるのも、負担額の大きさとサービス受益とのミスマッチが大きいようにシステム化されているからです。このようなことを考慮すれば、子育てにかかわるサービスも、安価であるはずがないことが理解されます。

しかし、現在は、サービス対価のデフレの時期でもあります。百円均一ショップに代表されるように、同じようなものであれば、少しでも安く提供されることに、消費者は慣れています。価格破壊、という言葉によって、安くなるのが当たり前、という感覚です。かつては、「安かろう悪かろう」とか「安物買いの銭失い」という諺が、日常の中で普通に使われていましたが、今では消え失せてしまい、ほとんど使われることがありません。安くて当たり前という態度が貫かれていきます。その感覚が子育てにも及び、安いサービスを求める傾向になっています。

安ければいい、というとき、サービスそのものへの吟味はおろそかになりがちです。しかし、問題が起きれば、大きなクレームが巻き起こります。二〇〇八年二月に起きた冷凍ギョーザの食中毒事件もその典型です。農薬の混入によって引き起こされたこの事件は、ある意味で現代社会の外注化システムを象徴しています。外注化サービスにおいては、責任の所在を外部に問う傾向があります。製品に不具合があれば、それはメーカーや販売者側に責任があり、消費者は被害者であると認識されます。

このような感覚は、消費者と呼ばれる立場で形成される感覚です。保護者は、消費者として保育サービスを消費する立場になり、そのとき当の子どもは、モノのように扱われてしまうのです。つまり、子どもを預かってくれさえすればいい、という感覚になるのです。

二〇〇七年は、日本漢字能力検定協会が公募した世相漢字に、「偽」が選ばれました。とくに、食品の賞味期限などの一連の偽装事件が世の中を賑わしたのは、記憶に新しいところです。そこでも、生産者側がマスコミにおいて大きく取りあげられ、そのような商品を購入した消費者は被害者であるという視点が貫かれていました。

このような姿勢が、子育てにおいても同様に見られています。子育てや教育は、家庭と社会が連携して行われるものであるという意識が薄れ、子どもを外注化サービスに任せているという感覚が強くなっています。

小学校などで、モンスターペアレンツという言葉がよく聞かれます。担任や学校に対して自分の子に関する無理難題な要求や理不尽な苦情などを、猛烈な勢いで突きつけたりするような保護者のことですが、そのようなおとなが増加していて、学校教師の大きな負担になっています。

正当な苦情であればきちんと受け止めるべきでしょうが、そうではないから問題になっています。たとえば、自分の子がニンジンが嫌いだから給食からのぞいてほしいとか、うちの子のためにテニス部を作ってほしいなどの要求を、突きつけていきます。

学校というところを、外注化サービスと勘違いしているから起きる現象のように思われます。子どもをちゃんと教育するのは学校の責任であり、家庭や保護者はその責任の範囲外であるという感覚です。ですから、学校で、勉強もしつけもしてほしい、という要望になるのであり、それが思うようにならないとクレームをつけるという行動になるのです。

親も教育やしつけの責任の大きな部分を背負っているのだという感覚が抜けているようです。モンスターペアレンツの存在は、学校に限りません。保育園や幼稚園においてもその存在は悩みの種です。しかも年を追うごとに増加していってます。

子どもは消費サービスの対象ではありません。子どもは、あえていえば、生活者として存在しなければなりません。保護者も、子育てにおいては、消費者ではなく生活者として行動することを求められます。保護者と子どもが、ともに生活する存在としてある、それを社会のシステムがサポートする、それを子育て支援と呼びます。

しかし、現在は、子育てが外注化されていくのです。そこでは、子どもが消費サービスの対象物、すなわちモノとしてしか見られなくなるという危険性が潜んでいるのです。

画一化される子ども

人間とは、多様な存在です。ひとりひとりがみな違います。それは誰もが知っている当たり前のことですが、モノになる世界では、その当たり前が消えていきます。

モノを商品として考えてみれば分かりますが、そこでは均一性が求められます。大量生産、大量消費のシステムの中で、どれにも同等の品質が求められます。

子どもも同じような状況に置かれかねません。子どもを預かる場合、子どもの個性を考慮するより、荷物預かりのような預かり方の方がはるかに楽です。表面的には、「個性の尊重」といわれますが、実際には子どもは画一化された枠の中に押し込められる傾向が強くなっています。

子育てにおけるこのような傾向は、現在の大きな問題ともつながります。そのひとつが、虐待の問題です。近年まで、虐待は、家庭内のプライベートな問題であるという認識がありましたが、一九九〇年代に社会問題化し、二〇〇〇年には「児童虐待の防止等に関する法律」が立法化されました。しかし、現在に至っても、虐待は深刻化する傾向が続いており、沈静化する気配はありません。

次の表は、虐待に関する相談対応件数の推移ですが、平成二年度の調査以来、増加し続

児童虐待相談対応件数の推移

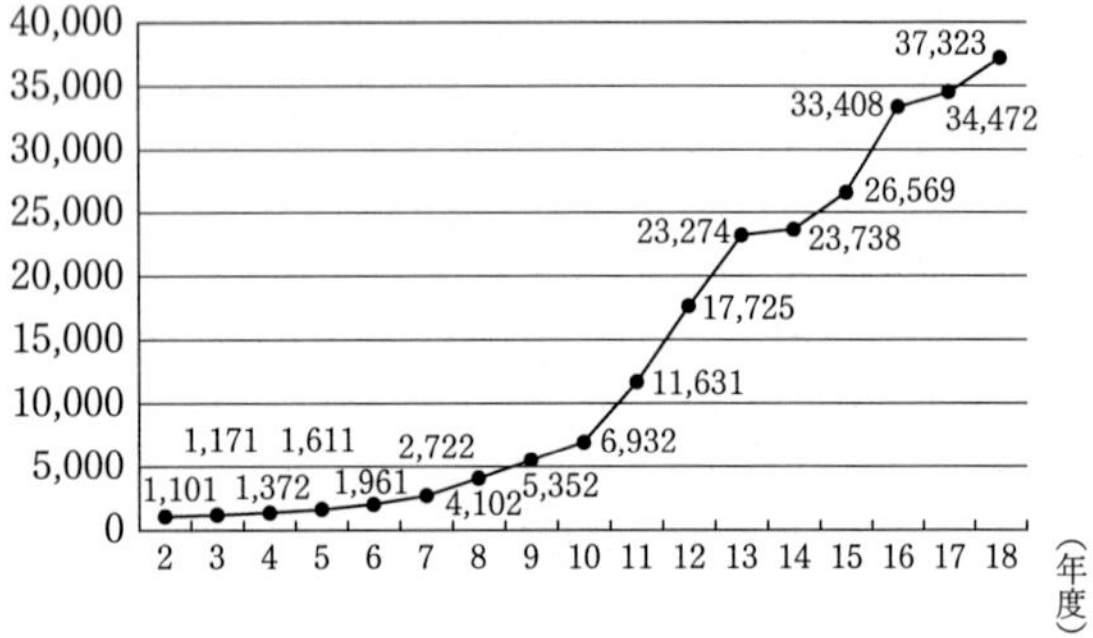

（出所）厚生労働省

けています。しかも、一九九八年（平成十年）以降の増加はかなり急激になっています。法律の施行にともない、一般的に周知されたことによる増加分を割り引いて考えても、虐待が深刻化している状況がうかがえます。

虐待については、さまざまな原因が考えられますが、その中に、子育てが思い通りにならないことのいらだちがあります。ついつい子どもを叩いてしまうという次のような発言を見ても、そのことがうかがえます。

「子どもが自分の思うようにならないときですね。うちの子は寝ぐずりがすごくて、眠くなると私を叩いたり、ものを投げたりするんです。そうなると私も負けじとやり返してしまいます。最近は、この子

はこうなのだと思うようになったので、やり返すことはほとんどなくなりましたけど」（三歳二カ月）

「自分がイライラしているときで、子どもが言うことをきかないとき。口でどなりながら、ほっぺをペチンとやってしまって、あっ、やっちゃったと思うんです。イライラしていると思うときは、私の方で子どもに近づかないようにしたり、外に出るようにしているんです。外だと人目が気になって叩けないから。でもやっぱり叩いちゃうことが月に四回か五回はあります」（二歳七カ月）

「（叩くことが出てきたのは）二歳過ぎてからですね。それまでは、子どもを叩くなんて信じられなかった。二歳過ぎてから、自我が出てきて言うことをきかない。怒ってもまたやるから、なめられているみたいで、つい、思いきり叩いちゃう。そうすると、よけい泣くから後悔するんです。頭ではいけないと思うけれど、やってしまうんですよね。でも、どこかに理性があって、これくらい叩いたらこうなる…と、叩き方を加減しているんです。友達の話を聞くと、疲れていると手の出方も大きくなると言いますね」（二歳九カ月）

（『今どき子育て事情』丹羽洋子、ミネルヴァ書房、一九九九年）

このような発言には、子育てが思い通りにならないことへのいらだちがありますが、それは裏返せば、子どもは思い通りになる、という思い込みがあります。思い通りになる、それは、子どもはおとなの枠の中におさまるものだ、という考え方です。

今の子育ては、育児書通りにしようとしている、という言い方があります。確かに、その傾向はあるように思われます。しかし、細かくいうと、育児書という本ではなく、育児雑誌やインターネットというもっと手軽な情報を頼りにします。あまりにもインターネットが普及したために、すべての情報はインターネットにあるという錯覚が強くなっています。

少し話題がずれますが、大学の授業で提出される学生のレポートはインターネット頼りになっています。レポートを書くためには、調べ物をしなければなりませんが、そのほとんどがインターネットのサイトで調べられたものです。引用文献のところには、インターネットのサイト名が並んでいるというのが普通です。出版された書籍からの引用は少なくなっています。サイトからの引用しかないというのも珍しくありません。

ですから、学生にとって情報はパソコンの中にあるということになります。インターネットになければ、それ以上は調べません。教員が、出版文献による引用をするようにといわなければ、図書館の蔵書を調べたり読んだりするということはありません。

そして、インターネット上の情報を、同程度の重要度で受けとめています。どういうことかというと、サイトの中には、しっかりと運営され良質の情報が含まれているのもあれば、いい加減であったり偏った内容だけを掲載しているものもあるわけですが、学生たちは、どれも同等の質をもった情報として処理しています。サイト内の情報の吟味がほとんどなされません。

学生だけではありません。一般的にも情報の受け取り方は、インターネットが中心になっているのが実情です。

子育てをしている母親たちも、情報の獲得手段は、ケータイによるものが主流になっています。育児雑誌を定期的に購読している人は少なくなっています。まして、育児書を買って読んでいる親は、本当に少数派です。本が売れなくなった現実は、このようなところにも現れています。

そこでは、インターネットにない情報は存在しない、という感覚が当たり前です。そして、口コミとは、メールでやりとりされる情報が主になっています。保育園であった出来事が、わずかな時間で母親に知れ渡るのは、ケータイメールがあるからです。連絡網があるわけでもないのに、いつの間にと思うほどのスピードで、情報は伝わっていきます。

しかし、先に述べたように、情報の質についての吟味はほとんどなされません。インターネットの情報は信頼できて当然という感覚です。中には、ネットの中でも、掲示板やブログという雑談での情報を主に求めている人もいます。

それほど、子育てにおいても、インターネットを頼りにする傾向は強まっています。

その背景には、情報は手軽に手に入るものであり、その通りにすれば、子どもという存在は、思い通りになるものだという思い込みがあります。その思い込みが、当然の感覚になっているのです。

保育研究者の久富陽子は、

「ある育児雑誌に、赤ちゃんが取扱説明書つきで生まれてきてくれればいいのにというような若い母親の投書が載っていました。また、赤ちゃんの泣き声を翻訳する機械が欲しいという母親からの投書を読んだこともあります。彼女たちにとってみれば、赤ちゃんはかなり難解な生き物なのでしょう。」

（『保育原理の探究』大場幸夫編、相川書房、一九九七年）

と、書いています。

なるほど、これは言い得て妙です。「私はこんな赤ちゃんで、こんな風に育てるとちゃんと育ちますよ」というマニュアルがあったなら、これは楽でしょう。また、赤ちゃんのいってることが分かるように翻訳してもらえたら、こんな便利なことはないと思えます。

この文章が書かれたのは、もう十年以上前です。その頃からすると、現在はその感覚がもっと強くなっているだろうと推測されます。

ここには、子どもへのまなざしの特徴が見て取れます。それは、あらゆるものにマニュアルがついている社会で生活しているものの感覚です。どのような商品を買っても、何らかの説明書きがあるのが普通です。電化製品は当然ですが、洋服なども、着方の説明はありませんが、洗濯の説明は書いてあります。和服の帯などには、締め方の説明書がついています。風呂桶のふたには、乗らないでくださいなどの注意書きがあります。

実に色々なものに、マニュアルがついています。カブトムシやクワガタムシもお店で当たり前のように買える時代ですが、その飼い方がちゃんと説明されています。花の種には、植え方や世話の仕方が書いてあります。

このように、生き物も買える時代ですし、そこには当然のように説明書があります。しかも、以前は説明書というと、わかりにくくて不親切なもの、と相場が決まっていましたが、マニュアル時代になってからは、誰にでもわかりやすい説明書が出回っています。字が大きくなり、イラストが入り、困ったときのQ&Aもあります。最近は、FAQというのも珍しくなくなっています。FAQとは、“frequently asked questions”の略で、よくある質問とその回答集です。つまり、使用者の困った状態を先回りして、こんな質問やトラブルにはこんな風な対処がありますよ、と前もって想定してあるわけです。

マニュアルというのがこんなに至れり尽くせりになっているのですから、マニュアル頼りになるのも無理はないのかもしれません。

赤ちゃんという存在は、それまでは存在していなかったものが、ある日を境に存在するようになるのですから、マニュアルがあってもよさそうなのに、と思うのでしょう。

本来、生き物とのかかわりというのは、長い年月にわたって継承されてきたものです。犬や猫の飼い方というのも、誰からということなくいつしか教わりながら、やっていったものです。

カブトムシやクワガタムシが店で売られている、と話題になったのは、もう三〇年以上前です。それ以来、幾たびかペットブームが起き、そのたびにお店で買える生き物が増えていきました。

今では、ほとんどのペットは、店で買うのが普通になっています。店で買うものにはマニュアルがあるというのは、ペットの世界でも同じです。

それがいつの間にか、子育てにも及んできているのです。赤ちゃんにマニュアルがついていたらいいのに、というのは、赤ちゃんが、カブトムシなどと同等のとらえられ方をされているということですし、それは洋服や電化製品などと同等のモノとしてしか見えていないということでもあります。生命あるものが生命あるものに見えない、だから、赤ちゃんのマニュアルがあり、マニュアル通り育てられればいいのに、という感覚が生じてくるのです。

マニュアル頼りということは、逆にいえば、マニュアル通りのことしかしない、ということでもあります。一九八〇年代に、新人類という言葉が流行りました。新人類の特徴のひとつに「指示待ち」があります。指示を待つということで、指示されないと行動しない、指示されたことしか行動しない、という意味合いをもち、そのような若者を「指示待ち族」とも呼びました。

今では死語に等しい言葉ですが、それは、指示待ち族がいなくなったということではなく、むしろ一般化してしまい、若者だけの特徴とはいえなくなったことを意味しています。もちろん、すべての人が指示待ち族というわけではなく、一部を指し示しているのですが、赤ちゃんにマニュアルを求めることは、そのことが根強く広まったことを意味しているように思われます。

指示待ち族の特徴から類推すると、子育てにおいても、指示されることを待つ、あるいは子育てのマニュアル通りにしたがる、ということと同時に、マニュアルにないことはしない、つまり予想されない事態には対応しない、ということになります。それは、想定外のことに対処する力が弱い、ということです。

しかし、子育ては、想定外のことばかり起きるものです。子どもの思いがけない行動や発想におとなは当惑します。そのとき、どのように対応するかを考えなければなりません。予想通りに子育てがいくことはありえません。また、そのような予想外の子どもの姿が、おとなに喜びや楽しさをもたらしてくれるのですが、現実にはそのような感覚が弱くなっています。

このことは、先に述べた虐待の問題と重なる部分があります。虐待にはさまざまな要因があり、一概にこれ、と決めつけることはできません。育児不安であったり、孤立感であったり、と多くのことが関連しています。その中に、マニュアル頼りの傾向も関連してきます。

つまり、子育ては、思い通りになるものであり、思い通りになってほしい、という気持ちが強くなっているのです。そしてそれは、大きく裏切られます。子育てにマニュアルはありません。もう少し正確にいうと、マニュアルでは子育てをカバーしきれません。どんなに子育てについて細かく説明しても、現実の子どもは、必ずそれを越えた育ち方を見せます。

マニュアルというのは、想定内のことしか記載できないものです。またそうでなくては役に立ちません。身近な例でいうと、携帯電話に付属するマニュアルは、膨大なものです。しかし、そこに記載されていることは、起こりうることであり、それぞれに対しての操作法が記されていることになります。携帯を、電話として使う場合、メールの送受信をする場合、カメラとして、ビデオとして、音楽プレーヤーとして、テレビとして使う場合について、それぞれの操作法が記されています。携帯を、冷蔵庫や電子レンジがわりに使う人はいません。なぜなら、そのような機能がないからです。ないものについては、マニュアルに記す必要はありません。

携帯などの道具についてのもうひとつの特徴は、持ち主が操作しなければ、携帯の方から先に操作が始まることはないということです。携帯が、勝手にビデオ撮影を始めたり、テレビのチャンネルを変えたりすることはありません。

このように見てくれば、子育てとの違いは明瞭です。子どもへの親のかかわりを、すべてマニュアル化できるものではありません。赤ちゃんの抱っこひとつとってみても、横に抱っこすると落ち着かずに泣きぐずり、縦抱っこしないと泣きやまない赤ちゃんもいます。かといって、ずっと縦抱っこで万能かというとそうでもありません。生後五カ月の頃は縦抱っこでよかったのに、六カ月頃になったら抱っこして立って歩き回らないといけなくなったりします。そんな風に成長とともにかかわりも変わります。

それに、子どもは、携帯と違って、自分から能動的に行動します。子どもがどのように行動するかということは、それこそマニュアルのように記述できるものではありません。ラッパのおもちゃのような音の出るオモチャを好む子もいれば、見向きもしない子もいます。おとなの靴を履きたがって困らせる子どももいます。もちろん、子どもは困らせようとしているわけではなく、自分の興味にそって行動しているだけです。それに、子どもが違えば、行動も違ってしまいます。このような行動をすべて記載できるはずもありません。

しかし、マニュアルを求めようとする気持ちは、子どもの行動を想定内の範囲に収めようとします。現実の子どもは想定内にはとうていおさまりきるものではありません。そこで、半ば強引に子どもの行動をコントロールしようとすることになります。子どもはそれを嫌がります。そのぶつかり合いの果てに、虐待が生じるケースもあるのです。

ここでは、虐待は、子どもを思い通りにしようとする働きかけが強すぎるところから生じます。だから、子どもと一緒にいる時間の長い母親が、虐待の加害者になりがちなのです。同時に、母親にとっては、「しつけをしているのであって虐待ではない」という言い分もでてくるのです。

想定内の範囲に子どもの行動を収めようとすることは、確かにしつけの一環でもあります。実際のところ、子どもの行動をまったくコントロールしないでいたら、単なる放任になりますから、子育てにおいて望ましいところではありません。ある程度の働きかけによってコントロールせざるをえないことは、否定しがたいところです。その程度や加減の問題なのです。コントロールしすぎてもいけない、しなさすぎてもいけない、その間の適切な度合いは、親と子どもとの関係、すなわち家庭生活そのものと密接に絡む問題です。これが正解、と呼べるような答えはありません。その正解を、正しいやり方を求めるのが、マニュアル頼りの心です。そこに、問題の根っこがあります。

第2章　家庭から失われたもの

家庭とは何か

家庭・家族について、霊長類学者の河合雅雄が、次のような興味深い指摘をしています。

「唯一、ヒトの成立について世界的に定説になっているのは、二足直立歩行である。私はこれに家族という社会的単位を持つことと、言葉を話すことの二つを付け加えたい。この三つが複合して成立したときに、その霊長類をヒトと呼びたいのである。」
(『子どもと自然』河合雅雄、岩波書店、一九九〇年)

ここで河合が述べているのは、ヒトすなわち人間が他の動物と決定的に異なる特徴として、直立二本足歩行、言語、家族の三点がある、ということです。

直立二本足歩行は、説明するまでもなく、真っ直ぐ立って二本足で歩く、ということです。私たちはそれが当然だと思っていますが、ほかの動物の姿形からするとずいぶん奇妙な格好です。

歩く動物は、ほとんどが四本以上の足を使っています。昆虫は六本、蜘蛛は八本。人間に近い哺乳類は基本的に四本足移動です。サルなどのように、二本足で歩く場合でも、腰は曲がっていて、ときおりこぶしを地面につけるナックルウォークという歩き方をしています。

それに対して人間は、真っ直ぐ立って二本足で歩きます。こうしますと、視野は高くなりますし、前後左右の見渡しもしやすくなります。何よりも大きく重くなった脳を、肩から下の全身を使って支えることができます。

その代わり、人間は転びやすくなりました。怪我もしやすい体型です。イヌの散歩をしている人は多いでしょうが、散歩の途中でイヌが転んだ、という経験をした人はあまりいないと思います。しかし、散歩させてる人間が転んだ、というのはよくあります。このように見てくると、人間の姿形は、動物の中では独特であることが分かります。

また、言語が人間の特性だということも容易に了解されます。もちろん、コミュニケーションツールとしての記号体系を持っている動物は他にもいると思われます。よくいわれるように、イルカは、独特の鳴き声でコミュニケーションをとっています。チンパンジーに言葉を教える試みをした人もいます。その意味で、言語を単純なコミュニケーション機能に限定するなら、ほかの動物でも見られるといえないこともなさそうです。

しかし、言語によって作り出される物語世界を考えてみてください。想像力を羽ばたかせた物語は、まさしく人間独特のモノです。イルカが、物語を作っているということはありそうにありません。言葉を教わったチンパンジーが、小説を書き始めたということもありません。しかし、人間の場合、太古の昔より、神話、伝説などの物語は、種類は異なれど、さまざまな文化において伝わっています。それが、言語の力であることはいうまでもないでしょう。

このような特性、つまり直立二本足歩行や言語と同じように、家族も人間の特性であり、この三点セットが人間を人間たらしめているのだ、と河合は述べているのです。

そうしますと、家族も、直立二本足歩行や言語と同じように、人間という存在と切り離せない、ということになります。ではここでいう家族とは何か、ということになりますが、それは、人間関係の核になるもの、といえると思います。単に子育てをする場が、家族というわけではありません。

子育ての場として家族を規定すると、子育てをする動物はほかにもいます。ツバメなどは、まだ飛べないひな鳥に、口移しでエサをあげて子育てをしています。哺乳類は、その名の通り、赤ちゃんに母乳を飲ませて子育てをします。

そのような動物と、人間はどこが異なるのでしょうか。それは人間の場合、家族という人間関係が、生涯を通じてつきまとうということです。

「親」という漢字を、白川静は次のように説明しています。

「辛と木と見とに従う。辛（針）をうって木を選び、斤（おの）で切り出した木を新という。その木で新しく神位・位牌を作り、それを拝することを親という。新しい位牌は父母のものであることが多いから、親は父母の意となるのであろう。」

（『新訂　字統』白川静、平凡社、二〇〇四年）

ここにあるように、親という存在は、位牌として認識されています。現代のような長寿時代にはピンときませんが、寿命の短かった時代、すなわち漢字が文字として成立する時代、子どもが大きくなると親とは死に別れるのが普通でした。寿命が五〇歳で、二五歳のときに子どもが産まれるとすると、その子が二五歳のときには親の葬式をしなければなりません。それが、「親」という漢字の意味するところです。

このことから分かることは、親子の関係は、生きている間のことだけではなく、死に別れてからも続くということです。ほかの動物では、親子の関係は、子育て期間に限定された関係であり、子どもが自立していくと終わりです。ましてや、親の葬式をする動物はいません。一方、人間は、葬式どころか、死後何年も経っても、一七回忌、三三回忌と親の法事を勤めます。

このような関係は、寿命が短かった時代に限定されるものではなく、現代でも同様です。ただ、長寿になった分、親子関係が二重、三重になっています。つまり、子どもから見たら、親がいて、親の親（祖父母）がいて、親の親の親（曾祖父母）がいるという状況も珍しくありません。

親子の関係は、一生涯続いていく関係なのです。子育てが終わったら、親子の関係が切れるわけではありません。いくつになっても、親は親、子は子、です。

これは親子だけでなく、兄弟姉妹も同じです。おとなになり、独立したら離ればなれになるのが一般的ですが、兄弟姉妹関係を解消するわけではありません。親子と同様に、生涯続く関係です。

その中で、夫婦だけは意味合いが違います。夫婦は、成年の男女が、お互いの選択によって形成する関係です。ですから、夫婦は、添い遂げるのが一般的ですが、離婚することもあります。中には、結婚と離婚を繰り返す人たちもいます。しかし、夫婦という関係が、家族の中でもっとも重要な関係であることは論を待ちません。なぜなら、夫婦がなくては、親子の関係も生じないからです。

このような家族の関係は、人間に普遍的に見られます。それが、先ほどの河合の主張です。ただ、形態はさまざまです。大家族とか核家族という用語があるように、夫婦と子どもだけで生活単位が成り立つような核家族もあれば、大勢が一緒に生活する大家族もあります。また、夫婦の関係も、同居の形態だけはでありません。日本も、平安時代は、妻問い婚というように、男性が女性を訪ねる形態でした。今でいえば、別居が普通だったということです。もしかしたら、現代でも、単身赴任のように、夫婦の別居にあまり抵抗がないのは、そのような伝統が背景にあるのかもしれません。

形態はさまざまですが、家族という関係は、人間社会に普遍的にあるものです。そこでの家族の重要な役割は、社会における生活単位であるということです。生活単位としての家族が生活を送る場が、家庭です。

社会でのさまざまな活動は、家族単位、家庭単位で考えることが多いものです。人口が何人、というより、世帯数はどのくらいあるか、ということがポイントになります。いい換えれば、家族、家庭が、社会生活の核になっているということです。

ですから、家庭での活動には、生活を成り立たせる行為が数多く含まれています。食べる、排泄する、眠る、というような生理的欲求は、家庭に基盤を置いています。夜安心して眠る場所としての家庭。食事をとる場所としての家庭。トイレのあるのも家庭です。

もちろん、トイレは家庭でしかしない、ということはありません。食事も、家庭外でとることも多いものです。しかし、いずれにしても家庭が基盤であることは事実です。たとえば、小学生の中には、学校のトイレで大便をすることに抵抗を覚える子どもが数多くいます。小の方はまだしも、大を学校ですることの抵抗感は、逆にいえば、家庭だからこそ安心してトイレができるということです。

食事も同じです。給食を嫌いだという背景のひとつには、家庭外での食事、さらには家族がいない場での食事ということへの抵抗感があるように思われます。食事は家族とするもの、その典型が、「家族団欒」という言葉でしょう。団欒の場は、家族そろって食事をする風景です。

このように、家庭は、日常の生活を成り立たせるような行為を数多くもっています。それは生理的な欲求に止まりません。人間社会には、文化を背景としたさまざまなものがありますが、その中には家庭が本来担っていた機能もあります。人間の一生にかかわる事柄はとくにその傾向があります。その典型が、葬式という儀式です。先に述べたように、「親」という漢字は、葬式をして位牌になった存在を見ていく、という意味ですから、その背景には、当然、葬式とそれにともなう儀式があります。

現在の日本においても、葬式は重要な儀式です。どのような形式でするかは違いますが、葬式をしないことは、よほどのことでもない限りありません。無宗教です、といっている人も、「お別れの会」とか「偲ぶ会」などの呼び名で、葬式に相当する場を行っています。つまり、葬式を否定しているのではなく、宗教的な葬送儀式に代わる場を行っているだけです。実質的にまったく葬式をしないということは、現代でもまずありません。

そして、葬式後も、仏式ですと、四九日、初盆、年回法要と何年にもわたって死者を偲びます。その基本は、遺族と呼ばれる家族です。

このような社会的機能を担うのが家庭です。家庭は、家族が単に一緒に暮らす場というだけでなく、家事や子育てを含む生老病死の営みを、そのうちに抱えているのです。

共同体の崩壊

ここで取りあげたい問題は、そのような家庭のもつ機能の外注化です。かつては、衣食住の基本的なものから人生の節目の儀式まで、多くが家庭でまかなわれていました。そして、家庭だけではなく、家庭が単位となって構成している共同体によって担われていました。

宮本常一という民俗学者は、論文だけでなく、数多くの写真を残しています。「歩く巨人」と呼ばれたほどですが、その写真には、共同体の風景が撮影されています。かつては、どこでも当たり前だった、しかし今となっては消え去った風景です。現在では、それがデータベースとしてインターネット上で公開されています。「宮本常一データベース」というサイトから引用した写真を以下に挙げます。

次頁上の写真は、川辺で洗い物をしているものです。一九五八年に大分で撮影したもの

「川で洗濯機を使う」（1958 年）

（出所）「宮本常一データベース」より

「道端で洗い物」（1961 年）

（出所）「宮本常一データベース」より

です。宮本自身が宿泊した旅館で働いている人たちが、客用の洗濯物を洗っている風景です。何人かで、川で洗濯をしていますが、そこには当時発売されたばかりと思われる洗濯機も写っています。洗濯機をわざわざ川原にまで運んでの洗濯、何とも珍妙な風景です。でも当時現実にそのような風景があったのです。洗濯機が販売される時代でありながら、上水道がまだ行き渡っていない、それはそんなに昔の話ではありません。

宮本が撮影した風景には、このように道端で洗い物をしているものもあります。また、洗濯物を川の土手に干している写真もあります。おそらく、川で洗濯して、そのまま干しているのでしょう。

次頁下の「井戸」の写真を見ると、戸外にあり、大きなバケツなどが置いてあります。また「車井戸」の写真もあります。このような写真を眺めていると、何人かが寄り合って水仕事をしている情景が容易に想像されます。

そんな風に、水道が整備されていなかった頃は、井戸や川に女性たちが集まって洗い物をしていたのです。

昔話の始まりは、「昔々あるところに、おじいさんとおばあさんがおりました。おじいさんは山へ柴刈りに、おばあさんは川へ洗濯に行きました」ですが、それがはるか昔のこ

「干してある洗濯物」（1957 年）

（出所）「宮本常一データベース」より

「車井戸」（1962 年）

（出所）「宮本常一データベース」より

「井戸」（1960 年）

（出所）「宮本常一データベース」より

とではなく、わずか半世紀ほど前にも見られていた風景なのです。

井戸端会議とは、そんな水場で行われるおしゃべりです。しかしそれは、おしゃべりのために集まっているのではなく、家事のために水場に集まった結果、おしゃべりになっているのです。当然そこには、子どもを連れてくることもあったでしょう。子育ての話題にも花が咲きます。子育ての悩みは、いつしか共有され解消されていったことでしょう。そこに、昔ながらの智恵が伝承されていきました。

現在は井戸端会議がなくなったから、子育ての智恵が伝承されなくなった、とよくいわれます。それは確かにその通りですが、かといって井戸端会議を復活させるというわけにはいきません。なぜなら、家事を成り立たせるために、地域の女性が集まることがなくなっているからです。

また『昭和の鹿児島』（生活情報センター、二〇〇六年）という写真集には、次のような写真があります。1955年、夏のうだるような暑さの中で、家の中で昼寝をしている成人男性を往来から撮った写真です。往来から写真を撮っているということは、表から素通しで家の中が見通せていたということです。従来の日本家屋の特徴がよく分かります。このように開けっぴろげであれば、地域住民とのつながりも自然に生じるだろうなと思えます。

その象徴が、縁側です。縁側は、家の内部と外部をつなぐ境界面になっています。縁側は、夜や台風のときなどに雨戸で締めきられますが、通常は、開け放たれています。訪問者も、正式ではなく日常のおとないでは、縁側から訪問していました。また家の者も、日常的な出入りは、縁側でした。家が外部と区切られていたわけではなく、内部と外部はつながっていました。縁側で出会う人たちが、共同体の構成員でもありました。お互いのつながりがあり、何かのときは、共同体が色々なものを担っていました。

そのことを象徴する言葉が、「村八分」です。村八分については諸説ありますが、次のような説明が一般的です。


「村社会の秩序を維持するため、制裁としてもっとも顕著な慣行であった絶交処分のこと。……「八分」ははじく、はちるの意とも、また村での交際である冠・婚・葬・建築・火事・病気・水害・旅行・出産・年忌の10種のうち、火事、葬を除く8種に関する交際を絶つからともいわれ、その家に対して扶助を行わないことを決めたり、村の共有財産の使用や村寄合への出席を停止したりする。」

（『ブリタニカ国際大百科事典 Quick Search Version』ブリタニカ・ジャパン、二〇〇四年）

村八分にするとは、今では仲間はずれにするという意味ですが、本来は共同体のつき合い方から生まれた表現です。共同体では、十種類のつき合いがあるのですが、人間関係がうまくいかなくなり、つき合いをやめるような相手も出てきます。

そのような場合でも、火事と葬式だけは、共同体の責任においてつき合います。いい換えれば、あとの八分は関係を断ち切るわけです。それを、村八分といったわけです。そこに共同体の特徴があります。

過疎と過密

ここに述べたような共同体の在り方は、今日ではほとんど見ることができません。共同体は崩壊したとよくいわれます。現代社会になったからだといわれますが、単に現代という社会の特徴ではありません。その背景には、戦後の高度経済成長とともに引き起こされた「過疎・過密化」の現象があります。

次頁の写真は、一九六三年の宮崎駅、就職列車の風景です。就職列車とは、地方の中

昭和 38 年 3 月，宮崎駅で就職列車が出発

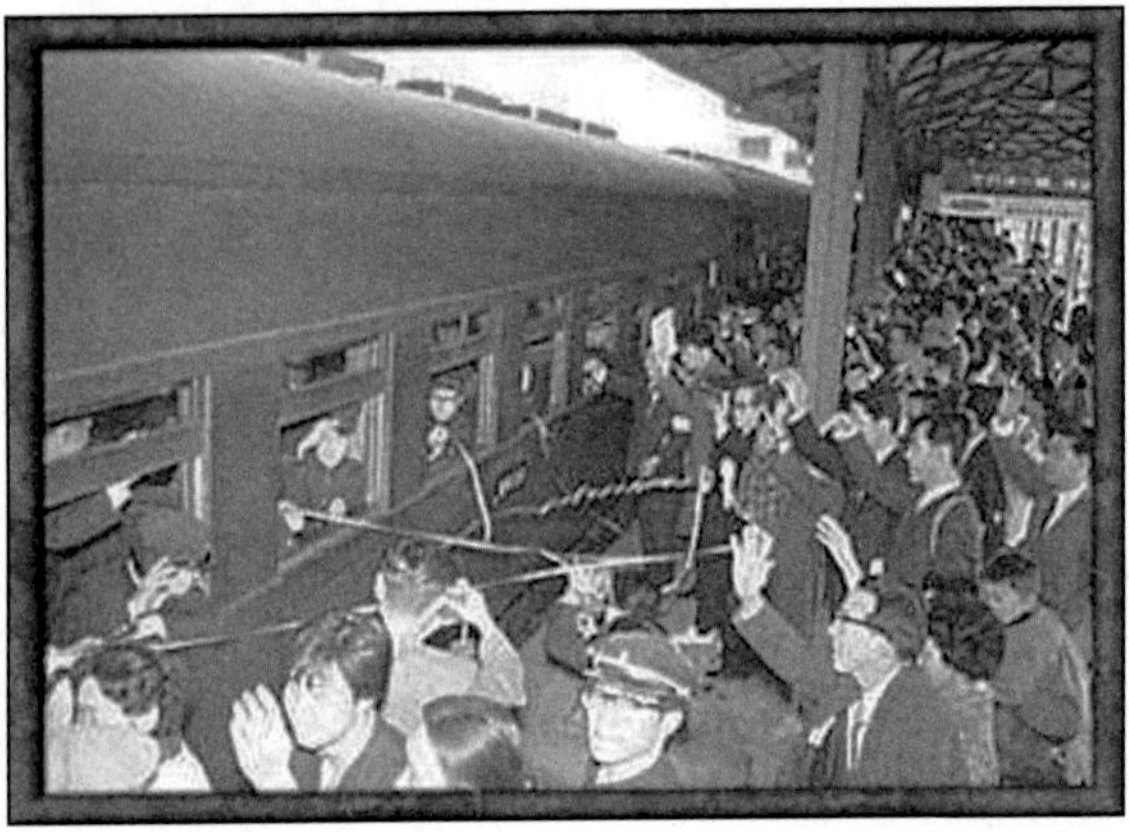

（出所）「YOMIURI ONLINE」より

卒、高卒者の集団就職のために、地方都市から大都市へと運行された臨時列車です。一九五四年から一九七五年まで、二一年間続きました。それは日本の高度経済成長の時期と重なっています。このような十代の労働予備軍は、安い給料で雇え将来性が高いので、「金の卵」と当時呼ばれていました。

高度経済成長の前半では中卒者が、後半では、高卒者がその中心となりました。その頃は、就職列車が地方から都会へ向けて走っていくのが、三月後半の風物詩でした。次頁の表は東京都の人口推移のグラフです。第二次世界大戦の落ち込みも激しいですが、そこからの回復のスピードに目覚ましいものがあります。とくに一九五〇年代から六〇年代にか

けての人口増加の急激さは、地方からの人口流入によるものです。

東京だけでなく、大阪、名古屋も同様の人口推移を見せています。就職列車の運行されていた時期の地方から都市への人口流入が、どれほど激しかったかが分かります。

この時期の日本民族の大移動は、十代の後半という年齢に集中しているのが特徴です。どの年齢でも均等に生じたわけではありません。中学卒業の一五歳、高校卒業の一八歳がその典型です。その結果、地方には、十代後半の若者たちがいなくなります。都市は、十代後半の若者たちであふれかえります。それが約二〇年間にわたって継続的に生じたのです。

その結果、地方には子どもと高齢者しか残りません。やがて、適齢期人口の減少に伴い、産まれる子どもの数も減少してきました。高齢化が一気に進行していったのが過疎地域です。

東京、大阪、名古屋などの大都市は、全国から十代後半の就職者が、毎年大量に流入してきます。一〇年、二〇年経つと、二〇代、三〇代の若者であふれかえります。石川県出身者の隣に愛媛県出身者が住む、秋田県出身の男性と大分県出身の女性が結婚する、というようなことが珍しくない状態になります。住居が不足し、高層建築や大規模造成によっ

東京都の人口推移

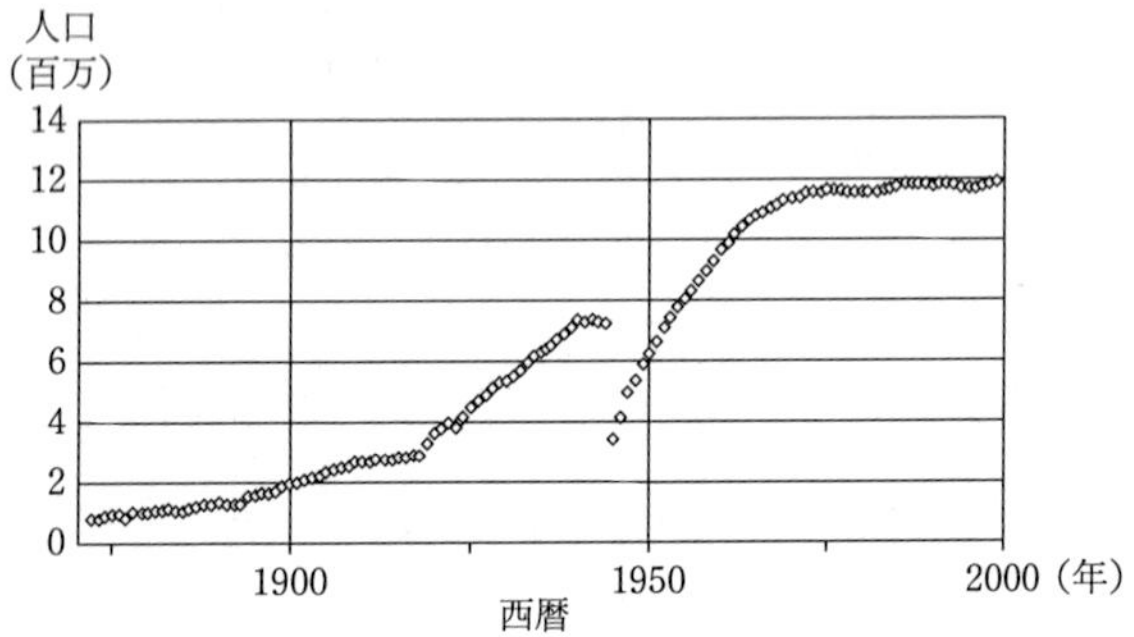

(出所)「ビッグローブサイト」より

て、マンモス住宅地が郊外に形成されます。

このような過密化した都会では、平均年齢は低いのですが、お互い同士の関係は弱く、共同体が成立しません。「隣は何をする人ぞ」とよくいわれていました。

過疎化した地方は、若者から壮年層が減少し、共同体の担い手がいなくなっています。現在では、過疎・過密化の現象から三〇年以上経っています。流出した人口は、戻ってきません。過疎地域では、中年層から子どもまでがいなくなり、高齢化していくばかりです。大野晃によって名づけられた「限界集落」はそのことを如実に示しています。

「限界集落というのは、65歳以上の高齢者が集落人口の50％を超え、独居老人世帯が増加し、このため集落の共同活動の機能が低下し、社会的共同生活の維持が困難な状態にある集落をいう。」

（『山村環境社会学序説』大野晃、農山漁村文化協会、二〇〇五年）

大野は、過疎県のひとつである高知県の山村自治体のある町を調査し、二〇〇一年の時点で、三八集落のうち二四集落が限界集落となっていることを明らかにしています。限界集落では、実質的に社会的共同生活が成立しなくなっているのですから、それが全体の三分の二を占めるというのは非常事態です。限界集落の次に待っているのは、集落の消滅です。おそらく、全国の過疎地域で、同様の事態が進行しているのです。

外注化の波

外注化は、都市部から始まりました。高度経済成長による豊かさを背景にした消費ブーム、過密化による家庭の孤立化と共同体の崩壊、そのような状態が、外注化を後押ししました。

「かあさんの歌」という歌があります。一九五六年に窪田聡が作った曲です。

かあさんは　夜なべをして
手袋編んでくれた
「木枯らし吹いちゃ　冷たかろうて
せっせと　編んだだよ」
ふるさとの便りは　届く
いろりの　匂いがした

かあさんは　麻糸つむぐ　一日つむぐ
「おとうは土間で　藁（わら）打ち仕事
お前もがんばれよ」
ふるさとの冬は　さみしい
せめて　ラジオ聞かせたい

かあさんの　あかぎれ痛い
生味噌を　すりこむ

「根雪もとけりゃ　もうすぐ春だで
畑が待ってるよ」
小川のせせらぎが　聞こえる
懐かしさが　しみとおる
（作詞・作曲　窪田聡、一九五六年）

この歌詞を読んで、懐かしさに包まれる人も多いと思います。そして、歌詞を追うと、田舎の生活は、まだ外注化が進んでいないことが分かります。麻糸をつむぎ、藁打ちをする生活です。次頁に「囲炉裏」の写真がありますが、電化製品はひとつも写っていません。

その一方で、都会ではもうラジオが流れています。過疎化した田舎に残される者と、外へ出て行き都会暮らしをしている者との対比がよく分かります。

このように、外注化の波は都市部から始まりましたが、やがて、過疎化した田舎にも波及していきます。過疎・過密の進行は、高度経済成長をもたらしました。同時に、過疎・過密化によって、都会も田舎も共同体が機能しなくなっていきました。機能しなくなった

「囲炉裏」(1960年)

(出所)「宮本常一データベース」より

共同体の仕組みを、高度経済成長によって可能になった豊かさで代替するようになります。日本全国を外注化の波が覆っていきました。

日常生活の部分だけではなく、共同体の相互扶助によって支えられていた部分にも、外注化の波が押し寄せていきます。

子どものことは子育て支援、高齢者は介護保険、障害者は自立支援という仕組みが整備されてきました。もちろんまだまだ不十分なものですが、これらは、かつては家庭の内部で、あるいは共同体の相互扶助によって支えられてきたものを、社会化することによって、社会全体で支える仕組み作りを意図したものです。しかし、それが、外注化とすり替わってしまっていくところに、問題の根があります。

日常の家事が、外注化されていきます。それは単に外部に頼むということだけではなく、機械化されていくということも含んでいます。食事の外注化に大きなインパクトがあったのは、電気炊飯器でした。竈《かまど》でご飯を炊く労力が大幅に軽減されました。

それまでは、いちいち竈で火を熾してご飯を炊いていたわけです。それも、「始めチョロチョロ、中パッパ、赤児泣いても熾火《おきび》たやすな」と言い伝えられるように、面倒さを伴いました。それでも、温かいご飯は、炊きたてのときしか食べられず、あとは冷やご飯を食べるより仕方がなかったのです。

それが、炊飯器の登場で、手軽にご飯を炊けるようになりました。さらに、電子ジャーの登場で、ご飯は保温され、いつでも温かいご飯が食べられるようになりました。

冷蔵庫も、初期はただ冷やすだけで小型でした。それ以降どんどん機能を発展させ、今では、冷凍も含めていろいろな冷やし方が可能です。また、大型化によってかなりの容量になっています。今では、冷蔵庫はドアが何枚もあり、背丈も人より高くなっています。

食材を大量に保存することが可能ですから、いちいち買い物に行く必要はありません。

そのように、人の手を煩わせることを、機械が代理してくれるようになるという意味での外注化が進みました。

同時に外注化の本来の意味である、食事の提供を外部にゆだねることも当たり前になってきました。ファミリーレストラン、ファーストフード、コンビニの普及で、外食はいとも容易になっています。

自宅にいようと、外出しようと、食べたいときに食べたい物が手にはいる、という外注化のシステムは、ほとんど完成の域に達しているのではないでしょうか。それでもまだ手軽で便利になるように、ビジネスは進んでいくでしょう。

そのような外注化は、食事だけではなく、日常行為のあらゆる側面に及んでいます。冠婚葬祭の儀式も同様です。

結婚を例にとると、式と披露宴は、色々なバリエーションの中から選択できます。花嫁は、極端にいえば、普段着で自宅を出て行けばよくなっています。式場に着けば、お化粧からドレスまで、すべて用意されています。自宅はいつものままでいいわけです。

このような中で、思うようにいくのが当たり前の感覚になっています。子育ては、思い通りにいくものではありませんが、思い通りにいくのが当たり前の外注化の社会の中では、非常にフラストレーションのたまるものになっているのは、容易に推測できます。しかも、お互いに支え合うような共同体が崩壊し、お互いに干渉し合わないような関係の中で生活するような状況の中では、閉塞感だけが募ります。そのような感覚から、先ほどのような話が出てきています。子育てという思うようにならないものへのいらだちがそこにはうかがえます。

第3章　エンゼルプランの功罪

エンゼルプランの登場

エンゼルプラン、それは、現時点で子育て支援を語るときに大きな影響を及ぼしていることを認めないわけにいきません。

一九九四年（平成六年）一二月六日、「今後の子育て支援のための施策の基本的方向について」という名称で提示された文書が、通称エンゼルプランと呼ばれているものです。

その後「新エンゼルプラン」、そして現在では「子ども・子育て応援プラン」が策定されました。ですから、いまではエンゼルプランはその役目は終了しています。しかし、その影響力は、現在も続いています。子育てをめぐる混乱を整理しようとするとき、エンゼルプランの功罪を見ていくことが重要になります。

エンゼルプランの大きな特徴は、「子育て支援」という言葉を一般化したことにあります。子育て支援という言葉自体は、新語ではありません。それまでにも使われることはありました。しかし、日常会話の中で、子育てを支援するという使い方はあまりしませんでした。子育てに困っている、子育てがうまくいかない、子育て能力が低い、育児ノイローゼ、育児困難、と、子育てがうまくいかない状況を意味する言葉はありましたが、それを支援するという言葉はあまり使われていませんでした。

のちに子育て支援の代表的な施設となる保育園においては、「保育ニーズの対応」という業界用語をよく使用していました。保育ニーズとは、保育を必要とするような状況を指しています。そのような用語では、一般の理解は得られにくく、保育園に対する社会的認識も明確ではありませんでした。

そのようなときに、子育て支援という明確な意味内容を持った公的施策が登場したことにより、子育て支援が市民権を得ました。そのことによって、子育ては、家庭内の私的な問題に押しとどめられるものではなく、公的な支援を必要とする社会全体の問題であることが明確になったのです。

なぜエンゼルプランが必要だったのか

ではなぜ、当時、エンゼルプランが必要だったのでしょうか。いきなりこんな大きなプランが策定されるわけではありません。それまでの経緯があります。

発端は、一九九〇年まで遡ります。この年、前年（一九八九年）の合計特殊出生率が、一・五七であると発表されました。それまでも、子どもの出生数は年々減少していましたから、一・五七という実態は驚くべきことではなく、十分予想されたことでした。出生数の減少そのものは、それまでも識者間では憂慮されていましたが、大きな話題になることはありませんでした。

それが、一九九〇年に発表された一・五七という数字によって劇的に変化します。それは、一九六六年の丙午（ひのえうま）の年の出生率一・五八を下回ったからです。

丙午には次のような迷信があります。

宿曜（すくよう）雑暦から発展した俗信。十干（じっかん）と十二支を五行（ごぎょう）（木火土金水（もくかどごんすい））に配し、五行を兄（え）と弟（と）に分けて十干を順に当てはめ、十二支を組み合わせると六一年目に同じ干支（えと）の年がくる。丙は火の兄、午は正南の火であるところから、この年には火災が多いと信じられ、中国では北宋（ほくそう）時代の末から、丙午（へいご）を凶歳とする説が強まったが、これが日本にも伝わり、江戸時代には下級宗教者の手で村々に広まる間に、丙午の女は夫を食い殺すなどの俗説を生じた。近来、これを信じる者は少なくなったはずであるが、丙午にあたる一九〇六年（明治三九年）、一九六六年（昭和四一年）は、ともに出生届が急減した。後者の場合、厚生省の地域別統計によると、都市の若い母親ほど気にしていることが明らかで、これはマスコミの影響による。

（『日本大百科全書』小学館、二〇〇〇年）

現代は科学万能の時代とか合理的なものが優先する時代であるとかいわれたりしますが、実際には説明のつかないような迷信に影響を受けることも少なくありません。オカルトブームなども繰り返し起きています。事実、わずか四〇年ほど前に過ぎないのに、丙午の迷信の影響が、出生数に直接響いています。

このグラフを見ると、丙午の年だけ、出生率が落ちているのが分かります。それが、出生数の減少の象徴だったわけです。一九九〇年に発表された数値は、それを下回ったとい

出生数及び合計特殊出生率の推移

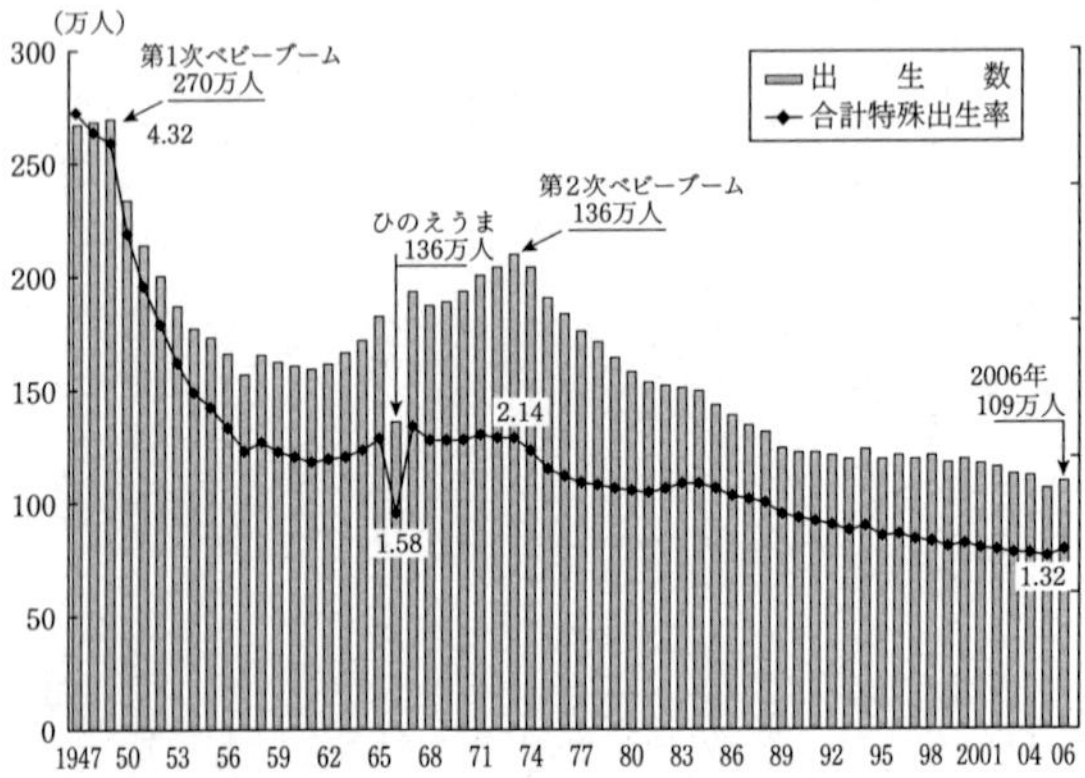

（出所）「人口動態統計」厚生労働省

うことで、当時大きな話題になりました。メディアで大きく報道されただけでなく、国会でも取りあげられるほどになり、「少子化」という新語が生まれるきっかけにもなりました。

そして、少子化は、日本社会存続の問題として大きくクローズアップされてきました。同時に、なぜ少子化になったのか、と原因を探り始めました。少子化の原因として、エンゼルプランでは、次のように述べています。

（1）少子化の原因

（晩婚化の進行）

わが国においては、男女とも晩婚化による未婚率が増大している。昭和五〇年頃から未婚率は、どの年齢層においても上昇しており、とくに、二五歳から二九歳までの女性についてみると、未婚率は昭和五〇年に二〇・九％であったものが平成二年には四〇・二％と飛躍的に増大している。

（夫婦の出生力の低下）

夫婦のもつ子ども数を示す合計結婚出生率は昭和六〇年には二・一七であったが、平成元年には二・〇五とわずかであるが低下している。今後、晩婚化の進行が止まっても年齢的な限界から子どもを生むことを断念せざるを得ない人が増加し、出生率は低下傾向が続くという予測もある。

（『今後の子育て支援のための施策の基本的方向について（エンゼルプラン）』文部省、厚生省、労働省、建設省、一九九四年）

ここにあるように、少子化の原因として、晩婚化と夫婦の出生力の低下の二つがあげられています。その背景にあるものとして、次の四点があげられています。

・女性の職場進出と子育てと仕事の両立の難しさ

・育児の心理的、肉体的負担
・住宅事情と出生動向
・教育費等の子育てコストの増大

この中でも、とくに最初の二つが大きな要因であるとされました。つまり、働く女性の支援の不十分さ、もうひとつが専業主婦の育児支援の不十分さです。この点について、それぞれ見ていきます。

ワーキングマザーの支援

一九八五年に男女雇用機会均等法が施行された頃、キャリアウーマンという存在がもてはやされました。企業の総合職と呼ばれる職務に就くことのできた女性は、「お茶くみ、コピー」担当の結婚までの腰掛け就職ではなく、一生働き続けるものと、本人も周囲も思っていました。当然、結婚・出産しても仕事は続けることになります。子育てをしながら働く女性を、ワーキングマザーと呼ぶようになりました。

もちろん、以前から働く母親は常に存在していました。医師などのように専門職として働く母親も、家計の助けのために働く母親もいました。

ただ一般社会の通念として、男性と同等に働く女性が一般化し始めたのが、一九八〇年代です。その時期は、バブル景気へ向かう時期であり、エコノミック・アニマルから企業戦士へと呼び名は変わりましたが、日本中がワーカホリックになったかのような状況でした。

その時期にキャリアへの歩みを始めた女性たちは、男性と同様に仕事をすることが望まれていました。女性としての働き方ではなく、男性と同等に、いやむしろ男性以上の仕事量をこなすことを求められたのです。その頃に出版された本に、『男のように考え　レディのようにふるまい　犬のごとく働け』(デレク・A・ニュートン、サンケイ出版、一九八〇年)というのがありますが、キャリアウーマンに求められたのは、そのようなことでした。結婚も育児も、言い訳にはならないのです。

しかし、言い訳にはなりませんが、子どもを放っておくわけにはいきません。子どもの保育は必ず必要になります。そこで、保育園に子どもを預けるということになりますが、当時は乳児保育は充実していませんでした。多くの保育園で、乳児からの保育には及び腰でした。

一九八〇年代の初めに、ベビーホテル問題が取りあげられました。

ベビーホテルとは、認可されていない保育施設の中で、次のいずれかひとつでも該当する施設を指すのが一般的です。

- 夜八時以降の保育を行っている。
- 宿泊を伴う保育を行っている。
- 利用児童の半数以上が一時預かりである。

その頃、『保育の友』という雑誌に、岡田正章が次のように書いています。


「ベビーホテルを利用しているひとたちは、産休明けから子どもを預けて働かなければならない人が多い。これは、認可保育所が生後三か月ないし六か月以降の乳児を受け入れるが、産休明けの乳児を預からないからだという。

また、ベビーホテルでの子どもの退園時刻は、午後五時以降のものが七十パーセントを占めている。六時から八時までのものが約二十パーセントいる。認可保育所では、東京でも午後五時以降のものは約三二パーセントにすぎない。つまり、認可保育所の保育時間が、働く母親、保護者が必要とする保育時間では役立たない。いわゆる長時間保育が保護者の必要に即して行われていないから、保護者の要望どおり、いくらでも長く預ってくれるベビーホテルが多くなるといわれる。
(『保育の友』一九八一年七月号、全国社会福祉協議会出版部)

ここにあるように、東京でのことですが、乳児は生後三カ月もしくは六カ月以上、そして預かる時間は五時まで、というのが一般的でした。東京は、ほかの地域にもましてワーキングマザーが増えているのに、子どもを預かる保育園は少なかったのです。子どもの年齢が、三歳児以上であればさほど問題になりませんが、年齢の低い子どもほど保育園では受け入れていませんでした。

女性が出産後もフルタイムの仕事を続けていくためには、産休明けからの保育が、それも長時間の保育が必要になります。その受け皿が公的保育施設に不十分だったために、認可外の保育施設が普及していきました。しかし、それは保育料のみで経営されるため、多くが劣悪な環境条件にあり、子どもの発育に大きな問題を残しました。中には、赤ちゃんが命を落とすケースもあり、それがベビーホテル問題として取りあげられたのです。

当時、TBSを中心にスクープされた報道の影響で、厚生省が全国点検を行いましたが、約六百カ所のベビーホテルのうち、九四％が不合格になっています。

このような状況では、働く女性が子どもを産み育てることに消極的になるのも無理はありません。子どもを預けて安心して働くということが成り立たないため、子どもを産まない、あるいは産んでもひとりだけという事態が生じてきます。それが、少子化につながることは容易に予想できます。

エンゼルプランが、働く母親の支援を子育て支援の柱に据えたのには、そのような理由がありました。

専業主婦の支援

以前は、専業主婦は子育て上手、という通念がありました。専業主婦という存在が一般化したのは、戦後の過疎・過密化現象にともない、地域共同体が機能しなくなり、家族の中で性役割分業が成立するようになったから、というのが一般的な言説となっています。つまり、家族だけで経済収入と家事・育児を行うためには、役割分担をせざるをえず、その結果、男性が外に働きに出、女性が家で家事・育児を行うようになったからです。そのような家族の在り方が一般化したのが、戦後の高度経済成長期でした。

そして、家事は電化製品などにより省力化が進んでいきます。家事の労力の軽減とともに、育児に専念する母親の存在が当たり前になっていきます。その行きすぎた姿が、「教育ママ」などと揶揄されることはありましたが、育児に専念する専業主婦の存在は当然のものであったのです。

そのことは、同時に、専業主婦は子育て上手という通念につながっていきます。いい換えれば、よい子育ては働きながらでは無理で、専念する必要があると思われていました。そのことが「三歳児神話」となっていきます。つまり、三歳までは母親が自分で育てるのがよい子育てであるという言説です。

当時の三歳児神話のベストセラーのひとつが、井深大の『幼稚園では遅すぎる』(ごま書房、一九七一年)です。この本は、三歳で幼稚園にはいるまでの母親の子育てが、子どもの能力や性格に大きな影響を与えるということを主張したものです。著者が、ソニーという国際的な大企業の創業者であるというネームバリューも加わり、多くの母親の手に取られました。

また、高度経済成長期に建設された住宅は、高層建築であれ一戸建てであれ、DK式となっています。1DKや2DK、3LDKなど、部屋が単機能として使用されることを前提としています。

かっての日本家屋は、ひとつの部屋が多機能に使われていました。そして、家族同士が一緒に過ごす場が多かったのも特徴です。また、先に述べたように、開放的な造りになっていて、外と内がつながっていました。子ども部屋も独立していなくて、廊下の突き当たりに机を置いていたというのも珍しくありませんでした。

それが、戦後のDK式においては、外部と切断され、ドアだけでつながる造りになりました。その中で、子ども部屋は独立しているものという認識が一般的になります。すると、家の中には、ダイニングキッチン、夫婦の寝室、子どもの数だけの子ども部屋、さらにリビングに相当する部屋が必要になります。いい換えれば、部屋の数が、子どもの数を決定するという状況も生まれてきたのです。

少し古いデータですが、一九八三年の総理府の住宅統計調査によると、六歳未満の子どもひとりの場合の部屋数が、三・五六ですが、二人になると三・八五、三人になると四・〇五となります。子どもの年齢が六歳以上になると、ひとりの場合の部屋数が四・三五、二人で四・五四、三人で四・七八となります。

子どもが生まれるたびに家が大きくなるということはありません。また、引っ越しするのも容易ではありません。それに、子どもはすぐに大きくなります。思春期の頃にひとり部屋を与えようと思うなら、それ相応の大きさの家に住むことが必要になります。いい換えれば、住む家の大きさによって、子どもの数が制限されるということになります。よほどでなければ、三人、四人の子どものいる家庭は少なくなります。普通は二人、場合によってはひとりということになります。

家事が省力化し、部屋数に応じて子どもの数が減ることにより、専業主婦の子どもへのエネルギーは、ひとり当たりにするとさらに大きくなります。それだけ、子育てに専念しているのだから、問題はないように思われていました。

しかし、現実はそうではなかったのです。少ない子どもに注ぐエネルギーが多くなるのに比例して、子育てが思い通りにいくのが当たり前、という感覚になります。しかし、子どもは思い通りにはなりません。こんなはずではない、という気持ちが強くなります。

さらに、周囲から子育て家庭が消えていきます。兄弟が多ければ子育て期間も長くなりますが、ひとり、二人の子どもだと、子育て期間も短くなります。あとから子どもが産まれた家庭は、同年齢の子どもを持つ親が周囲にいなくなります。そして、働く母親が増えるにつれ、かりに同年齢の子どもがいても、昼間は保育園にいる、という状態も増えてきます。住宅の造り自体も、玄関だけで外部と接していて、内部が密閉されるようになっています。

つまり、母子密室化が進んでいき、ひとりきりの子育てが母親を追い込むような事態を生んでいったのです。それを象徴するのが、「公園デビュー」です。

公園は公共のものですが、いつしか子育ての母親グループの集まる場になっていくという全国的な傾向が生じました。平日の昼間、気の合った母親同士が、公園の一角に集まり、しばらくの時間を過ごす、そのような現象が普及していったのです。

その場に新たに子育てを始めた母親も参加しようとします。どのグループも、任意のなかよしグループです。ですから、そこに参加するのに何の気がねもいらないような気がしますが、実際は逆です。なかよしグループは閉鎖的になりがちで、新しい参加者を受け入れるのには消極的です。なぜなら、それまでのなかよし状態が、新参者によって壊されるかもしれないからです。既存のグループは、現状を維持しようとします。新参者は、既存のグループに参加しようとします。そのせめぎ合いを越えて、首尾よく公園グループに参加できたことを、公園デビューと呼びます。

しかし、首尾よく行くとは限らないときもあります。そんなときは、こちらのグループあちらのグループと渡り歩く「公園ジプシー」となります。

このように見ていくと、専業主婦の子育てに大きな抑圧がかかっていることが分かります。中には、公園のグループに参加すること自体が困難な母親もいます。なかよしグループが、力関係によって居づらくなることもあります。育児不安、育児困難、育児ノイローゼという言葉が、よく使われるようになり、子どもを産み育てることをためらう気持ちが強くなって少子化に拍車がかかります。

専業主婦への子育て支援が必要であるということが、以上のような理由から明らかになってきたのです。

エンゼルプランの具体的処方箋

一九九四年一二月、以上のような社会背景の中で、エンゼルプランが提案されました。そこには、いくつかの理念や今後の方向性を示されていました。中でも、働く母親の支援と専業主婦の支援という明確な柱が示されたことは、当時の少子化ショックの大きさがどれほど強かったか窺えます。

しかし、いくら理念を唱えても、具体的な処方箋がなければ、絵に描いた餅に過ぎません。エンゼルプラン自体には、具体的な処方箋はありませんでした。そこで、処方箋として示されたのが、「当面の緊急保育対策等を推進するための基本的考え方」です。これは、エンゼルプランの提案された直後の一九九四年一二月一八日に、大蔵・厚生・自治3大臣合意の文書として施策されたもので、一般には「緊急保育対策等5カ年事業」と呼ばれています。この施策が、子育ての社会化を目指しているようでいて、実は子育ての外注化へとつながる危険性を内包していたのです。

緊急保育対策等5カ年事業とは、その名の通り保育対策を今後の五年間で緊急に進めていくことを意味しています。ここでいう保育対策は、保育園保育でした。そしてその対象は、働く母親と専業主婦です。具体的には次のようになっています。

近年の女性の社会進出の増加等にともなう保育需要の多様化等に対応するため、当面緊急に整備すべき保育対策等の基本的枠組みを別紙の通り策定し、以下の点に留意しつつ、これらの事業の推進を図ることとする。

（1）低年齢児（0〜2歳児）保育、延長保育、一時的保育の拡充等ニーズの高い保育サービスの整備を図るとともに、保育所制度の改善・見直しを含めた保育システムの多様化・弾力化を進める。

(2) 保育所が乳児保育、相談指導等多様なニーズに対応できるよう施設・設備の改善・整備を図る。

(3) 低年齢児の受入の促進及び開所時間延長の促進のため保育所の人的な充実を図るとともに乳児や第3子以上の多子世帯等の保育料の軽減を図る。

(4) 核家族化の進行に伴い、育児の孤立感や不安感を招くことにならないよう地域子育てネットワークづくりを推進する。

(『当面の緊急保育対策等を推進するための基本的考え方』厚生省、一九九四年、大蔵・厚生・自治3大臣合意)

ここにある趣旨に則って、五年後の数値目標が定められ、予算も配分されました。つまり、平成七年度から平成一一年度へかけて、トップダウン方式で強力に推進されていったのです。

元来保育園は、母親の就労を支援する施設でもあります。保育園の在籍児は、「保育に欠ける乳幼児」となっています。保育に欠ける、というのは、子どもの保育に携わるおとながいないという意味です。専業主婦家庭の場合、母親が家庭にいますから、保育には欠けません。共働き家庭の場合は、父親も母親も仕事で家にいませんから、そのとき祖父母なり子どもの面倒を見る人がいないと、保育に欠けることになります。そのような乳幼児を保育するのが保育園です。ですから、保育園の大きな役割のひとつが、母親の就労支援です。

保育園そのものは、児童福祉法に規定されていますから、一九四七年（昭和二二年）以来の歴史があります。しかし、保育園という施設の社会的な位置づけが定まってきたのは、一九六〇年代です。

その頃、母親が就労するのは、家計の助けというような補助的な意味合いが強くありました。ですから、母親の就労はパートタイム程度、あるいはフルタイムの就労でも、子育てにあまり負担をかけないという認識がありました。いい換えれば、そのような保育に欠ける子どもは、昼間の短い時間を保育するということで対応できると考えられていました。

「共稼ぎ」という言い方がありました。いまでは「共働き」というのが普通ですが、かってはそうではありませんでした。共稼ぎという言い方は、男性ひとりの収入では不十分なので、やむを得ず女性が働きに出るというニュアンスがあります。

それが、一九八〇年代のワーキングマザーの増加により、稼ぐためではなく、女性自身の自己実現のために就労するというニュアンスを表現するため、共働きというようになってきました。

ですから、当時の保育園の定型的な保育は、昼間のパートタイムやフルタイムの就労している母親に対応していました。それでは不十分だということが、ベビーホテル問題で明らかになってきたのです。

長時間の保育、産休明けからの保育などを展開するのが必要であるということは、一九八〇年代にはすでにいわれていました。それだけではなく、女性の社会進出にともない、多様化する就労状況に対応できるように、保育園も多様化した保育をする必要性があったのです。

しかし、そのような保育園の変化は、必要性は唱えられながら、現実にはごく一部の保育園を除いては、なかなか浸透していきませんでした。一九六〇年代にできあがった保育園のイメージは、社会の変化を受けながらも、遅々として変わろうとはしませんでした。内部にいるものにとっては、現状のままで自己完結できていたので、変化の必要性を感じていなかったのです。保育ニーズに対応するという建前を唱えながら、現状に安穏としていたのが、当時の保育園でした。

それが、エンゼルプランと同時に出された緊急保育対策等5カ年事業によって、保育園の変貌が始まりました。保育園が脱皮し始めたのです。

まず、保育園の従来からの社会資源としての役割である働く母親の支援ですが、そのことについての批判が高まっていました。ひとつは、預かる時間の短さ、低年齢の受け入れ枠の少なさと柔軟性のなさです。そこから、長時間の保育や乳児保育、一時保育などの特別保育事業が積極的に展開されました。

もうひとつの批判が、入所手続の煩雑さです。「保育に欠ける」ことを証明するのに、保護者は、就労証明書等の色々の手続を経なければなりませんし、また役所の窓口も保護者への対応がおざなりというか、保育園に入所させてやる、といわんばかりの態度でした。その頃の保護者の投書のひとつに、子どもを初めて保育園に入所させようとして役所に手続に行ったら、「生活援護課」という窓口に回され煩雑な書類を書かされたと不満を述べ、子育てをしているのに、なぜ生活援護をされなければならないのか、と暗い気分になったと述べています。一事が万事その調子でしたが、そこで手続の簡略化と対応の修正を図られることになりました。

その当時のスローガンが、「利用しやすい保育園」です。つまり、いつでもニーズに応じて保育園に入所できるような仕組みにしようということです。振り返れば当たり前のことのように思いますが、当時はいかに保育園が利用しにくかったか、ということが分かります。

保育園の本来もっている就労支援に加えて、専業主婦の支援も保育園の役割になりました。子育て支援事業として、在籍していない地域の子育て家庭の支援に取り組むようになったのです。

それまで保育園は、在籍している子どもを対象にしていましたが、そうではない子どもも対象にして子育て支援を展開するようになったのです。保育園の性格が大きく変化していきました。

このように見てくると分かりますが、エンゼルプランによって子育て支援という言葉が社会に認識されるようになりましたが、その具体的な担い手は、緊急保育対策等5カ年事業を展開した保育園しかありませんでした。端的にいえば、国家の総意として子育て支援のアドバルーンがあがったのですが、実際の兵隊は保育園だけという状況だったのです。

保育所の定員・在所児数・在所率の年次推移

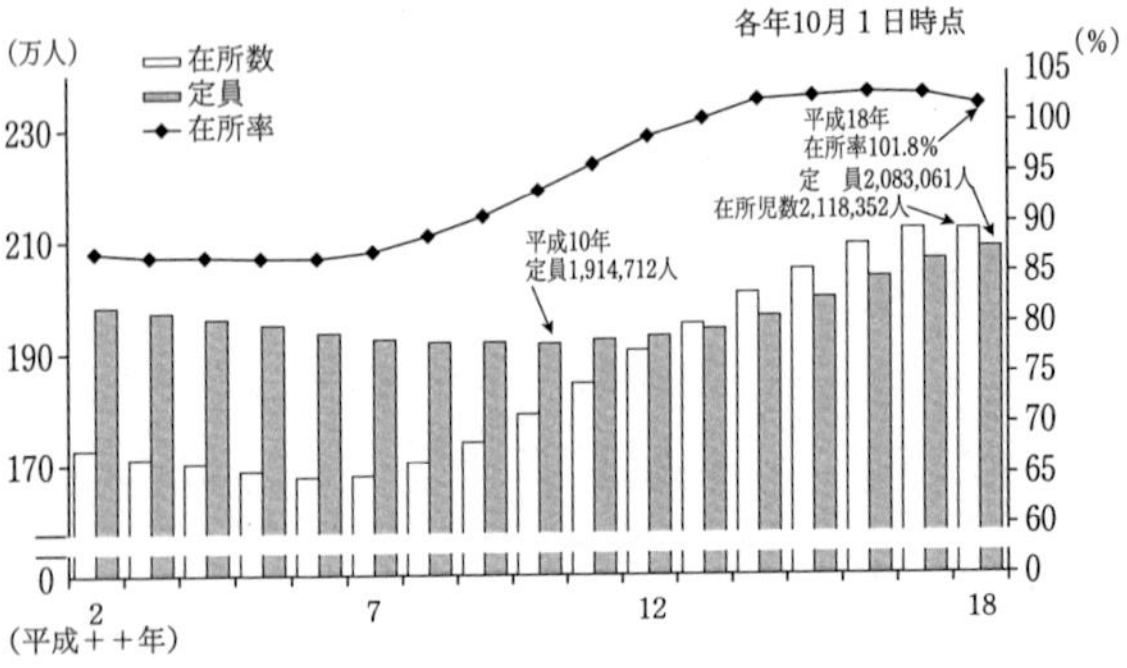

（出所）厚生労働省

それまで少子化の流れの中で、保育園の在籍児は減り続けていました。当然のことです。子どもの絶対数が減少しているのですから、子どもを対象にした施設も減少せざるをえません。

一九八〇年代から顕著になってきた少子化の流れは、最初に保育園を直撃し、次に幼稚園、そして小学校、中学校、高等学校、大学と影響を及ぼすはずでした。それは未来予測というものではなく、間違いなく到来する現実でした。

事実、大学は、二〇〇〇年代の後半に、入学者数の減少を受けて全入時代を迎えています。全入といっても、やはり人気のある大学は狭き門ですから、受験生から選ばれない大学は、閑古鳥が鳴き始めます。定員割れも一、二割ではなく、四割、五割という状況も生まれてきています。経営難に陥っている大学、閉鎖した大学も少なくありません。

現在の大学の状況を、一五年早く先取りしたのが保育園でした。一九九四年までの保育園では、どのように生き残るか、というサバイバル戦術が最優先事項でした。少子化の流れを受けて、保育園は三分の二になるとか、いや半分は潰れるとまことしやかに囁かれ、保育園の経営者はおびえていたものです。

ところが、このグラフを見てください。少し分かりにくいかもしれませんが、確かに一九九四年までは保育園の在籍児（グラフでは在所児と表記）は減り続けました。それに合わせて定員も減少しています。しかし、一九九四年を底として、それ以降、保育園の在籍児は急激に増加しています。

その間にも少子化傾向は続いています。一九九四年の合計特殊出生率は一・五〇、その翌年は一・四二、さらに九九年には一・三四にまで落ち込んでいきます。

少子化の進行にともない、保育園の在籍児は増加する、そんなマジックが見られます。このマジックを可能にしたのが、エンゼルプランだったのです。

保育園が、働く母親の子育てと専業主婦の家庭での子育ての支援を展開し始めたとたんに、在籍児は増加し始めています。つまり、エンゼルプラン及び緊急保育対策等５カ年事業が展開され始めると同時に、保育園を利用する母親が増え始めたのです。政府の施策の中で、これほど劇的な変化をもたらしたものは、珍しいのではないでしょうか。

エンゼルプランは、少子化の対策としては不十分であった、というのが一般的な評価です。というのも、エンゼルプラン以降も、合計特殊出生率は下がり続けたからです。しかし、保育園の社会的役割を変え、子育ての重要な社会資源にするということにはきわめて大きな影響をもたらしたのです。

この言い方は少し不平等かもしれません。エンゼルプランが少子化対策にならなかったというのは、厳密には証明できないからです。

エンゼルプランの施行後も合計特殊出生率は下がり続けましたが、そのことが即少子化対策としての無効を意味するわけではありません。エンゼルプランがもしなかったならば、もっと下がってしまったということもありえたわけです。エンゼルプランがあったからこの程度の出生率の低下で止まったという見方もありえます。もちろん、エンゼルプランがまったく役に立たなかったから、ここまで低下したともいえます。この点については、慎重な論議が必要でしょう。

ただ、エンゼルプランによって、保育園が大きく変貌したというのは事実といっていいと思います。そのことが、それ以降の少子化対策としての子育て支援の方向性を決定づけていきます。

子育て支援の社会資源の分散化

これまで見てきたように、エンゼルプランの具体化である緊急保育対策等5カ年事業によって、保育園が子育て支援の最前線となりました。というより、事実上保育園だけが、子育て支援を担う社会資源になり、子育て支援の具体的活動は、働く母親支援であれ、生業主婦の支援であれ、保育園に一極集中するかのような様相を呈してきました。

そして、エンゼルプランが施行して七年後の二〇〇一年には、保育園は飽和状態になりました。先ほどのグラフを見れば分かるように、保育園に在籍している子どもの数が定員をオーバーするようになったのが、その年からです。

全国平均ですから、飽和状態というのが分かると思います。全国で二万カ所を超える保育園の中には、過疎地と少子化で子どもの絶対数がいない保育園も結構あります。そこでは当然定員に満たないことになります。それでいて平均で在籍児が定員を超えているということは、二割、三割超過の保育園もあるということです。もうこれ以上の受け入れは物理的に困難な状態になっています。

かってベビーブームの頃、保育園に子どもがあふれかえっている時期がありましたが、ベビーブームではなく進行する少子化状況の中で、子どものあふれかえる保育園が、全国に出現していきました。

緊急保育対策等5カ年事業が終了する一九九九年には、「新エンゼルプラン」が施行されます。ここでは、保育園に一極集中していた子育て支援を、ほかの社会資源でも担うようになりました。幼稚園、乳児院、児童養護施設などです。

中でも幼稚園は、少子化の中で入園児数が減少するのに、保育園の在籍児数が増加していることに強い危機感を抱いていて、積極的に子育て支援を展開し始めました。その結果、低年齢児を対象にした子育て支援、夕方までの預かり保育などが、私立幼稚園を中心に一般化していきます。いい換えれば、幼稚園の保育園化が加速していったのです。

保育園と幼稚園は、児童福祉施設と学校教育施設と、その背景がまったく異なるのですが、ちょっと見ただけでは区別がつきにくくなるほど、両者が接近してきます。そのことは、外から見たら、子育て支援の選択肢が増えていくということです。一般的には歓迎すべきことのように思われます。

しかし、ここに落とし穴があったのです。子育て支援は、家庭の外部の社会資源によって行われるのが当然という意識が生まれてきたのです。

子育ての外注化への圧力

エンゼルプランによって、子育て支援が保育園に集中していきました。そのことは、子育て支援は、保育園のような家庭外部の社会資源が行うものだという意識を社会に広げてしまったことになります。新エンゼルプランによって、幼稚園の子育て支援が加速したのも、その延長上にあります。

それは、子育てを外部によって担うという社会化を目的としたものですが、一般的には、外注化として認識されていくという混乱が生じます。

エンゼルプランは、文部省、厚生省、労働省、建設省の四省が合同で施策したものですが、緊急保育対策等5カ年事業に見られるように、事実上、保育園だけがエンゼルプランの具体的事業の担い手になりました。新エンゼルプランで、幼稚園等も事業の担い手となりましたが、当初のイメージは大きなものがあります。

すなわち、少子化対策は、働く母親であれ専業主婦であれ、保育園のような社会資源が、支援の担い手になるという固定観念を生み出したのです。

確かに、少子化の理由として、働く母親にとって子どもを預ける場所が十分でないということや、専業主婦の育児不安が増大しているということがあります。それは、少子化につながる大きな理由であることは確かです。

しかし、それだけが少子化の原因であるというのは暴論です。以前から、住宅問題も指摘されていました。世界有数の経済先進国になりながら、住居は狭いままで、「日本人はウサギ小屋に住んでいる」と揶揄されたりしました。しかも仕事場からの距離は半端ではなく、通勤時間の長さも問題でした。

つまり、不十分な住宅環境に住み、長い通勤を繰り返すような状態では、子育てのゆとりをもてないという指摘は、少子化問題において非常に大きな課題であったはずです。事実、先述したように、住宅の部屋数と子どもの数は比例するという統計的なデータも存在しています。

このような住宅問題は、建設省の管轄であったはずです。どのようにして良質な住宅を供給するかということは、確かに短時間で即効性のあるような処方箋を示すことは難しかったでしょうが、十年単位での取り組みは必要であったはずです。しかし、エンゼルプラン以来十年以上が経過していますが、住宅問題への具体的な取り組みはほとんど見られていません。

また、企業戦士と呼ばれた働き方も、少子化と切り離せない問題です。たとえ専業主婦家庭であっても、夫である男性の働き方は、家庭の在り方に影響を与えます。長時間の通勤と遅い帰宅時間。場合によっては休日出勤もあります。家庭でくつろぐ余裕がなく、子育てに男性がかかわることが困難になります。そのことが専業主婦の子育てを追い込んでいる理由のひとつです。であれば、働き方を考えることは、労働省の管轄として必要なことであったはずです。

また見過ごせないのは、子どもがある程度成長してからの経済負担です。子どもが小さいうちは、経済的負担はさほどでもありません。もちろん、子どもにお金をかけることはいくらでもできます。女の子を毎月一回美容室に通わせている、大人服より高い値段のするブランドで固めたファッションを子どもに着せる、というような現実もあります。しかし、幼児期においては、そのような家庭は少数派に止まっています。一般的な子育てにおいて、幼児期はまだ経済的負担は大きくありません。

しかし、小学校の後半ぐらいから事情が変わります。いわゆる学習塾通いが始まります。それは結構な負担になります。では塾に通わせなければいいではないか、といいたくなるかもしれません。これが、美容室通いだったら、そこまでする必要はないと簡単にいえますが、塾通いはそう簡単な問題ではなくなっています。

ひとつの理由は、友だちが塾に行くから自分も行くということで、塾が子どもの社交の場になっているということです。塾に行かない子は、友だちとのつき合いが乏しくなります。

また、塾での学習が、子どもの学力を保障しているという現実もあります。学校の授業だけで学力は保障されるはずですが、それは建前の領域になりつつあります。塾通いの子どもが増えれば、学校プラス塾が子どもの学力に反映されます。そのような子が増えれば、塾に行かない子どもの学力は、相対的に下がることになりかねません。

そして、親は子どもにいい学校に進学してほしいと願うのが普通です。ここで「いい学校」というのは、「偏差値の高い学校」という意味です。そうすると、単にみんなが塾に行くからというのではなく、明確に学校の学力プラスアルファを求めて塾に通わせることになります。進学実績の高い塾が選ばれることになりますし、それはそれなりの経済負担が必要になるということでもあります。

大都市圏を中心に、中学校を私立で選択する傾向が強くなっています。それは、いい学校が私立に多いという実態が現れてきているからです。私立は、中学校でも受験がありますす。当然のことながら、人気の私立は受験も厳しくなります。学習塾や予備校、さらには家庭教師などが必要になります。経済負担はさらに増えます。とくに、中学受験は「親の受験」といわれるように、経済的負担と同時に家族の身体的、精神的負担も増加します。

中学を公立で選択しても、高校受験は避けられません。さらに半数近い子どもは、大学受験も視野に入ってきます。子どもが仕事をする社会人になるまでの経済的負担は、大きなものがあります。公立学校の教育だけであればその負担も大きくありませんが、大多数の家庭にとっては、それだけでは足りないのが実情です。

このような経済的負担の大きさが、少子化につながっているということも十分考えられることです。

これは、教育分野を管轄する文部省が考えるべきですが、ここでも具体的施策がエンゼルプランで展開されたわけではありません。

このように、住宅問題や通勤距離の問題、労働条件の問題などが、労働省、建設省の管轄として施策が具体化された気配はほとんどありません。エンゼルプランには、理念は謳われていましたが、具体的施策としては反映されなかったのです。

たとえば、エンゼルプランでは、「子育て支援のための施策の基本的方向」の（3）として「子育てのための住宅及び生活環境の整備」について、次のように挙げてあります。

（3）子育てのための住宅及び生活環境の整備

ゆとりをもって子どもを生み育てることができるよう、良質な住宅の供給及び住替えの促進等により、ライフサイクルに応じた住宅の確保が容易にできるようにするとともに、家族のだんらんのあるゆとりある住生活を実現する。

子どもの健全な成長を支えるため、遊び、自然とのふれあい、家族の交流等の場、児童厚生施設、スポーツ施設、社会教育施設、文化施設等を整備するとともに、子どもにとって安全な生活環境を整備する。

（『今後の子育て支援のための施策の基本的方向について（エンゼルプラン）』文部省、厚生省、労働省、建設省、一九九四年）

ここに記されていることは、重要な点をついているのですが、そのことを具体化するような動きはほとんど現れませんでした。あるいは、そのような動きがあったのかもしれませんが、実効はほとんどなかったのです。

同じ箇所で、（5）として、「子育てコストの軽減」についても次のようにふれています。

（5）子育てコストの軽減

子育てに伴う家計の負担の軽減を図るとともに、社会全体としてどのような支援方策を講じていくか検討する。

（『今後の子育て支援のための施策の基本的方向について（エンゼルプラン）』文部省、厚生省、労働省、建設省、一九九四年）

このように、子育てにコストがかかることの問題も意識されてはいるのですが、今後検討するとだけあって、具体策は何もありません。いわば問題の先送りに過ぎません。

少子化問題は、単に幼児期の子どもの預け場所の問題ではなく、おとなの働き方や住宅状況、さらには子どもの年齢が上がるにつれての経済的負担など、幾重にも輻輳した原因があるのです。もっと大きくいえば、日本の社会の在り方そのものが、少子化という現象を生み出したのです。

繰り返しますが、具体的施策としては、保育園の緊急保育対策5カ年事業しかなかったのが、エンゼルプランです。その現状分析や、施策の基本理念はそれなりに評価できるものであったかもしれませんが、具体的施策の乏しさは否めません。そのことが、少子化対策は、子どもの預け場所を何とかすればいいのだ、という印象を強くし、その結果、子育てを外注化することが少子化対策であるという展開につながっていったのです。

第4章　子育ての担い手は誰か

子どもにかかわるおとなたちの混乱

一九九〇年の一・五七ショックが、社会に与えた影響は大きいものでした。そのことによって、少子化という問題が現実のものとして突きつけられてきました。そしてそれに対する施策として提出されたのが、エンゼルプランでした。そのことについては、これまで見てきた通りです。

そして、このエンゼルプランが、「子どものモノ化」に拍車をかけたのです。

それまでも、子どものモノ化は浸透していました。これまで見てきたように、家事の外注化は、相当に進行しています。コンビニやファーストフードの普及で、食べ物はお金さえあれば、いつでも手軽に手に入る時代になっています。その他の側面も同様です。

日常的なもので面倒で手にかかるものほど、外注化は歓迎されます。

そのような潮流において、少子化の原因として、働く母親の子どもの預け場所、専業主婦の育児困難の問題、子育てにかかる経済的負担の重さ、ゆっくりできない住宅事情、家族の団欒を難しくする通勤や働き方などがあります。

このようなことは、エンゼルプランを策定した文部省、厚生省、労働省、建設省の管轄であることをこれまで指摘してきました。

さらにいえば、かつては、「安全と水はタダだ」といえるほど、社会基盤が安定していた日本社会でしたが、水を買って飲むようになりつつありました。同時に、安全神話も崩れようとしていました。

『不夜城』（馳星周、角川書店、一九九六年）という小説が話題になったことがあります。かつての日本は、盛り場でさえ安全であるというのが当たり前でした。しかし、新宿のような繁華街は、安全とはいえない状態となっているのを、劇的に描き出した小説でした。新時代のクライム・ノベルと話題になりましたが、そのような小説がベストセラーとなった背景には、社会の安全が根本的なところで脅かされているということがあります。

そのような状況に、子育て家庭は敏感に反応します。無力な子どもを抱えなければならない親が、子どもの安全をどのように確保するかというのは大問題です。

たとえば、一九八九年に起きた宮崎勤による幼女連続殺害事件は、親の不安を増幅させました。子どもが産まれても、果たして子どもの安全は守られるのだろうかという不安は、その頃から強くなってきています。それも、少子化の遠因になっていることは否めません。

このように考えていくと、まさに社会の在り方そのものが、少子化につながっているといえます。少子化問題を、単純な原因論ですますことはできないのです。

しかし、当時、そのように考えた人はあまりいませんでした。子育ては、母親の問題であり、母親の労力を軽減すれば、やがて少子化は改善されるだろう、出生数は増加に転じるだろうという見通しだけが語られていました。

その中で提出されたエンゼルプランは、理念はともかく、現実的には保育園のみが具体的事業を行うものに過ぎませんでした。このことによって、保育園が大きく変わりました。子育て支援の最前線に保育園が位置するようになったのです。その後、幼稚園等も加わりましたが、現在でも保育園の比重は相対的に大きなものがあります。つまり、保育園の充実が、子育て支援、すなわち少子化対策になるという論法が続いています。

その結果、保育園での保育に混乱が生じてきました。外注化の波が、忍び寄ってきていたのです。

社会全体で支えるという意識の弱さ

ここまで見てきましたように、保育園が子育て支援の最前線に位置するようになった背景を裏返せば、保育園は子どもを預かりさえすればいいという言い方を生みます。

次に挙げるのは、二〇〇七年十月二九日に政府の規制改革会議後の記者会見での発言です。

「私どもの提案は、子育て経験のある母親ならば、まず第一に、必ずしも高卒でなくても、上の保育士養成施設に入学できることにしてはどうか。これが第1です。

第2番目は、高卒から2年間経っていなくても、保育士試験を受けることができるようにしてはどうか。実は、高卒だけではなくて、とにかく子育て経験のある人は、保育士試験を受けることができることにしてはどうかというわけです。

3番目の提案は、子育て経験のある方は、3カ月程度の衛生とか栄養に関するきちんとした研修を受けた上で、準保育士という形で保育園で働くことができる新しく資格をつくってはどうか。

その3点が、私どもの提案です。例えば3カ月というのは、実際の保育士養成学校の方たちをお招きして、いろいろと話を伺った上で出た判断です。

(中略)

今の制度だと保育士の試験を受けたらいきなり資格が取れる。あるいは、2年間学校に行くと資格が取れる。その2年間で何を学んでいるかというと、例えば介護保険のことについて習ったり、年金のことについて習ったり、常識的に言って保育士になるのに必要不可欠とは言い難いことをたくさん習っている。

資格を取った後で、実際の保育所で働くと、実は私は子どもには興味なかったんだと思ってやめてしまう人が非常に多いというんです。そういうことをやるよりは、実際に経験のある人に入ってもらった方がいいではないか。ただし、業界関係者の意見を伺うと、衛生と栄養に関する知識は、きちんと勉強しておかなければいけない。しかし、それさえきちんとやってもらったら、経験のある人の方がむしろいいんではないかということでした。」

(「第8回規制改革会議会議終了後記者会見録」　平成19年10月29日(月))

これは、二〇〇七年の発言ですが、驚くべきものがあります。保育園は周知のように、保育士資格の職員が中心になって職務を果たしています。それは、幼稚園や小学校が教員免許をもたないと教員としての職務を果たせないというのと同じです。そのような職種を専門職といい、専門職になるためにはそれなりの養成期間を経るのが一般的です。

ところが、この発言を見ると、保育士という仕事は、子育て経験のある母親であれば誰でもできるという言い方をしています。衛生や栄養に関する若干の必要性に言及していますが、微々たるものです。福祉関係の学習は必要ないと切り捨てています。

これに対して、全国保育士養成協議会は、次のような声明を出しました。この協議会は、保育士を養成する短大、大学、専門学校などによって構成されています。

厚生労働省雇用均等・児童家庭局
保育課長　義本　博司　殿

社団法人全国保育士養成協議会
会　長　石井　哲夫

規制改革会議による「保育士資格要件の拡大」についての要望

この度（平成19年10月29日）の規制改革会議で，今日，保育士が不足しているとして，「子育て経験者に対する保育士資格要件の拡大」が提案された。すなわち，

1．子育て経験のある母親ならば，高卒でなくても保育士養成施設に入学できるようにする
2．高卒後2年間経っていなくても保育士試験を受けることができるようにする
3．子育て経験のある者が，3ヶ月程度の衛生，栄養に関する研修を受けた上で「準保育士」の資格を得，保育所で働くことができるようにする

ことである。

今回の提案を見ると，規制改革会議は，「保育士が，専門的知識及び技術」をもって，児童の保育及び児童の保護者に対する保育に関する指導を行う（児童福祉法第18条の4）者」であるという，専門職としての保育士の専門性に対する理解を著しく欠いていると言っても過言ではない。

時代，社会の保育・福祉ニーズに応え，児童の最善の利益を保障するために日々努力し，懸命に頑張っている保育所やその他の児童福祉施設で働いている保育士の専門性を否定するような今回の提案はとうてい容認することができない。

今日の保育所はじめ各種の児童福祉施設においては，被虐待児童，発達障害等何らかの特別な支援が必要な児童など，あら

ゆる意味で高度な専門性に基づいた保育・養護が必要とされるに至っている。さらに，近年の家族の養育力の脆弱化や地域の教育力の低下等は，地域の中で孤立し，子育ての支援が必要な家庭を増加させている。

このような状況の中で，保育所をはじめとした各種の児童福祉施設は，保育や養護を必要とする児童や保護者はもちろんのこと，地域の中での子育て家庭への支援として重要な役割を果たしており，保育士はこれらの施設で児童の保育や保育者の支援を行う要の位置にある。

それ故，指定保育士養威施設においては，２年間の養成課程に基礎をおきながら，専門職として相応しい保育士を養成するための努力を過去50年にわたって果たしてきているが，それでもなおかつ，複雑・多様化する今日の保育・福祉ニーズに応えるためには，専門性をより高めるための保育士資格及びその養成のあり方を考えることが喫緊の課題であるとの認識にたっている。

しかるに，この度の規制改革会議の提案は，子育ての経験が有りさえすれば，養成校に入学できる，高卒でなくても保育士試験が受けられる，３ヶ月程度の衛生と栄養の研修を受ければ「準保育士」となれるとするなど，保育士により高い専門性が要請されることを必須のものとしている今日の時代の流れに逆行するものである。

加えて，この度の提案に対する疑問点を列挙すると以下のようなものである。

まず第一に，今回の提案の根拠となっている保育士不足については，何をもって不足と捉えているのか。近年，指定保育士養成施設及び保育士試験による保育士資格取得者はむしろ増加しており，問題は，保育士の労働条件（非常勤雇用，低い給与水準等）の劣悪さから，保育・福祉現場に入ることを躊躇したり，入っても厳しい労働環境のなかで燃え尽きて退職に追い込まれることなどである。

第二に，指定保育士養成課程において学ぶ科目（例えば社会福祉に関するもの）が，何故，保育士となるために役に立たないのか。いうまでもなく保育士は，社会福祉の一分野である児童福祉法に位置づけられた専門職であり，社会福祉全般について学ぶことはむしろ当然のことである。

第三に，障害児や被虐待児などを含めて，今日の保育所を利用する多様な児童に対する保育や，保護者に対する支援（指導）が，たった3ヶ月程度の衛生と栄養の研修のみを受けることで可能であるのか。単に子育ての経験があれば可能であるとする根拠は何か。

第四に，ヒヤリングが多様な関係者や団体等に対して行われたのか。記者会見では「民間の方々からの精力的なヒヤリングを行っている」としていたり，あるいは，3ヶ月程度の衛生と栄養の研修については，保育士養成校側からヒヤリングをしての結果であるとしているが，果たしてどのくらいの民間の児童福祉施設関係者や保育士養成校の者がそのようなことを言ったのかなどについての疑問である。

以上のように，本協議会としては，今回の規制改革会議の「準保育士」資格創設等の「保育士の資格要件の拡大」の提案には，断固反対するものである。

もし，保育士が不足しているとするならば，何故不足するような状況になっているのかを客観的に捉えて，そのための方策を検討されることを願うものである。保育所等を利用する，また地域で支援を必要とする児童，保護者のことを考えたとき，保育士が，安んじてその職に就けるようにすることのための議論こそが最優先ではないのか。

次代の我が国の担い手を育てるために重要な役割と責任を果たしている保育所その他の児童福祉施設及びそこで働く保育士の専門性についての真摯な議論を望むばかりである。

以　上

ここでは、非常に厳しい口調で、先の規制改革会議の発言を批判しています。それは、保育士という職種の根幹にかかわる問題だからです。

現在、保育士資格取得には、短期大学や専門学校で二年間の養成機関を必要とするのが一般的です。学生は目一杯の授業を受けています。

短大の女子学生のイメージというと、花嫁修業の一環としてのんびりした学生生活を送り、適当に遊びもしているだろうと思われるかもしれませんが、保育士養成課程の学生にはそのような様子は微塵もありません。

短大在学中の二年間は、入学から卒業まで、びっしりと時間割が組まれます。土曜日に授業をしているところも珍しくありません。そして、夏休みや春休みなどは、十日間ずつ三回ある実習で潰れます。フル回転の二年間を過ごして保育士資格を取得しています。

いい換えれば、保育士として勤務している職員のバックボーンには、それだけの蓄積があるのです。そんなに勉強しているのにそれぐらいしかできないのか、という声もあるかもしれませんが、逆にこれだけの養成をしていなければ、もっと質は落ちているかもしれません。

現在では、二年間での養成は限界に近い、ということで、三年間、あるいは四年生大学で保育士資格を取得するという傾向も強くなっています。それほど、保育士の専門性は高度化しているのです。また、高度化しないと、子育て支援の最前線は支えられません。

そのような現状をまったく理解していないのが、先ほどの規制改革会議の発言です。子どもを預かるのは、子育て経験さえあれば誰でもできるという誤解というか無理解があります。まさに、イヌやネコを預かるような感覚です。

しかしイヌやネコを飼っている人は分かると思いますが、自分の飼いイヌや飼いネコを誰かに預けようとしたら、イヌやネコのことをよく知ってる人に頼むと思います。単にイヌやネコを飼った経験のある人に預けようとはしないでしょう。あの人は、イヌを飼ってたけどいじめてばかりいてどうも信頼は置けないな、この人ならよく可愛がってくれるから頼みたくなるというように判断するでしょう。では、ひとりで何頭ぐらいなら預かれるでしょうか。一頭、二頭なら預かれるでしょうが、五頭、十頭を一辺に預かるとなれば、それはペットホテルのような専門的な施設でなければ無理ではないでしょうか。

ここで話しているのは、ペットではなく、人間の子どもの話です。いわば他人様の子どもを預かり、しかもただ預かるだけでなく、よりよい発達を実現していく必要があります。それを、専門的な学びをしていない人がいきなりできるでしょうか。

子育て経験があれば、それで十分というのはとても承伏できる話ではありません。実際、保育士の資格も経験もないが、子育て経験はある四〇歳の女性に、簡単なインストラクションだけで、五歳児三〇人のクラスを任せたとして、果たして一年間保育できるものでしょうか。あるいは、一歳児六人のグループの保育を年間を通してやりきれるものでしょうか。一、二時間という話ではありません。毎日を子どもたちと過ごすことができなければならないのです。

規制改革会議の発言には、保育士という職業を社会的に低く見る視線が現れています。つまり、子育てをしたことがあれば、保育士なんて誰でもできる仕事なんだ、という意識です。子どもを育てるのは、社会全体の責務であるという意識が、まったく見受けられません。保育士になろうとする学生が、二年間を通して（場合によっては三年間、四年間）、どれほどの集中的な学習を必要としているかの理解がありません。福祉的な科目は必要ないとは、児童福祉自体を否定しているかのように思われます。

実際に保育の現場でも、保育士が若かったり未婚だったりすると、子育て経験のないのに保育士が勤まるのかという非難が浴びせられたりします。これは、子育て経験があれば、保育なんて簡単にできるという先の規制改革会議の委員の発言と同等のものです。

保育士という専門職であれば、子育て経験という有無は問題にはなりません。問題にしなければならないのは、保育士にふさわしい専門職としての力量を発揮しているかどうかということでしょう。

ある専門職において、それ相当の経験のみを優先するというのは、愚問に過ぎません。産婦人科医は、お産の経験がなければいけない、というのと一緒でしょう。出産経験のない女性医師や男性医師は、産婦人科医として不適当ということになります。家庭で高齢の父母や祖父母を介護した経験がないと、高齢者介護を行う介護士やヘルパーは不適当というのも同等の論理です。

このような言い方が、ずいぶんおかしいことには気づくはずです。それが、保育士においては、行政の中核にあるような人からの発言として現れてくるところに、社会自体のもつ子どもへのまなざしの危うさがあります。

そういえば、二〇〇七年の初めに、当時の柳沢厚生労働大臣の「女性は子どもを産む機械」の発言も、同様の社会意識を背景にしているように思われます。

つまり、私たちの社会には、子育てを社会全体で支えようという意識が弱いということです。子育てなんて、どっかの誰かが、子どもを預かってさえいればいいのだ、という意識になっているということです。

もともとそのような傾向はありましたが、その潮流を決定づけたのが、エンゼルプランだったのです。

その意味で、エンゼルプランは、社会の意識を子育てへ向けたという功績はありますが、同時に子どもをモノのように扱うという風潮を加速させたという負の側面も大きく持ち合わせているのです。

新エンゼルプランが、エンゼルプランから五年後の一九九四年一二月一九日、緊急保育対策等5カ年事業の後継プランとして立ち上げられました。正式名称は、「重点的に推進すべき少子化対策の具体的実施計画」といい、当時の大蔵、文部、厚生、労働、建設、自治の六大臣の合意によっています。

これまで述べてきたように、新エンゼルプランも、保育園以外に幼稚園等の社会資源を活用するものでしたが、基本的な理念は、エンゼルプランのときから変わっていません。したがって、子育ての社会化が本来でしたが、一般的にはどうしても、子育ての外注化という方向に向かっているように感じられます。

また、保育を専門にしている人たちの間でも、子育て支援の外注化の問題は明確に認識されていませんでした。したがって、子育て支援をどのような社会資源を利用して推し進めるかということや、関係諸機関の連携をどのようにするかということは、盛んに問われていましたが、子育てを支援するということと子育てを外注化するということの相違点をしっかり論議するような土壌は、なかなか生まれてきませんでした。

子ども・子育て応援プラン

エンゼルプランから一〇年後、新エンゼルプランから五年後、新しい子育て支援の施策が出されました。二〇〇四年一二月二四日のことです。その当時は、新々エンゼルプランが出されると予想されていましたが、実際に施策されたのは、「子ども・子育て応援プラン」でした。

「子ども・子育て応援プラン」パンフレット

子ども・子育て応援プラン

子どもの育ちや子育てを
社会全体でしっかりと応援する
環境づくりを目指して

厚生労働省

（出所）厚生労働省

今回のプランには力が入れられていることが、作成されたパンフレットを見ても分かります。表紙を提示しましたが、オールカラーで全部で五二ページあります。内容も、単に施策を並べるだけでなく、イラストや図表を多用し、見やすさに配慮したものになっています。

そして、四つの重点事項が明確に記されています。それをパンフレットのまま掲載しておきます。

ここに改めて四つの重点課題を記しますと、

①若者の自立とたくましい子どもの育

同パンフレット（p.17）

4つの重点課題①：若者の自立とたくましい子どもの育ち

［主な具体的施策］
- 職場体験等を通じた小・中・高等学校におけるキャリア教育の推進
- 若年者のためのワンストップサービスセンター（ジョブカフェ）における各種サービスの推進
- 若年者試用（トライアル）雇用の積極的活用
- キャリア・コンサルタントの養成・活用の推進
- 若年労働者の職場定着の促進
- 日本学生支援機構奨学金事業の充実
- 学校における体験活動の充実
- こどもエコクラブ事業の推進
- 「確かな学力」の向上や「生きる力」の育成

［今後5年間の目標］
- 常用雇用移行率80％を平成18年度までに達成
- 平成18年度までに約5万人を養成
- 新規学卒就職者の就職後3年以内の離職率を毎年度対前年度比で減少
- 基準を満たす希望者全員の貸与に向け努力
- 全国の小・中・高等学校において一定期間のまとまった体験活動の実施
- 小・中学生のこどもエコクラブ登録者数を11万人に

目指すべき社会の姿〔概ね10年後を展望〕（例）
- 若者が意欲を持って就業し経済的にも自立［フリーター約200万人、若年失業者・無業者約100万人それぞれについて低下を示すような状況を目指す］
- 教育を受ける意欲と能力のある者が経済的理由で修学を断念することのないようにする
- 各種体験活動機会が充実し、多くの子どもが様々な体験を持つことができる
- 子どもたちが、「確かな学力」、豊かな人間性などの「生きる力」をはぐくむことができる学校教育が推進される

（出所）厚生労働省

同パンフレット（p.18）

4つの重点課題②：仕事と家庭の両立支援と働き方の見直し

［主な具体的施策］	［今後5年間の目標］
●企業の行動計画の策定・実施の支援と好事例の普及	次世代法認定企業数を計画策定企業の20%以上、ファミリーフレンドリー表彰企業数を累計700企業
●育児休業制度の周知・定着	育児休業制度を就業規則に規定している企業の割合を100%に
●男性の子育て参加促進に向けた企業等における取組の推進	男性の育児休業取得実績がある認定企業数を計画策定企業の20%以上
●個々人の生活等に配慮した労働時間の設定改善に向けた労使の自主的取組の推進	
●長時間にわたる時間外労働の是正	長時間にわたる時間外労働を行っている者を1割以上減少
●子育てのための年次有給休暇の取得促進	労働者一人平均年次有給休暇の取得率を少なくとも55%以上に
●適正な就業環境の下でのテレワークの普及促進	就業人口に占めるテレワーカー比率を20%に
●企業におけるポジティブ・アクションの普及促進	取組企業の割合を40%に
●再チャレンジサポートプログラムなど再就職準備支援の推進	
●求人年齢の上限の緩和促進	公共職業安定所における全求人に占める年齢不問求人の割合を平成17年度30%に

目指すべき社会の姿〔概ね10年後を展望〕（例）

- ●希望する者すべてが安心して育児休業等を取得［育児休業取得率　男性10%、女性80%、小学校修学始期までの勤務時間短縮等の措置の普及率25%］
- ●男性も家庭でしっかりと子どもに向き合う時間が持てる［育児期の男性の育児等の時間が他の先進国並みに］
- ●働き方を見直し、多様な人材の効果的な育成活用により、労働生産性が上昇し、育児期にある男女の長時間労働が是正
- ●育児期に離職を余儀なくされる者の割合が減るとともに、育児が一段落した後の円滑な再就職が可能となる

（出所）厚生労働省

同パンフレット（p.18）

4つの重点課題③：生命の大切さ、家庭の役割等についての理解

［主な具体的施策］	［今後5年間の目標］
●保育所、児童館、保健センター等において中・高校生が乳幼児とふれあう機会を提供	すべての施設で受入を推進
●全国の中・高等学校において、子育て理解教育を推進	
●安心して子どもを生み育てることができる社会について、地域住民や関係者が共に考える機会の提供	全市町村で実施

目指すべき社会の姿〔概ね10年後を展望〕（例）

- ●様々な場において中・高校生が乳幼児とふれあう機会をもてるようになる
- ●多くの若者が子育てに肯定的な（「子どもはかわいい」、「子育てで自分も成長」）イメージを持てる
- ●全国の市町村において子育てを応援する各種の取組が行われるようになる

（出所）厚生労働省

同パンフレット（p.19）

4つの重点課題④：子育ての新たな支え合いと連帯

[主な具体的施策]	[今後5年間の目標]
●地域の子育て支援の拠点づくり	つどいの広場事業、地域子育て支援センター合わせて全国6,000か所での実施
●一時・特定保育の推進	全国の中学校区の約9割（9,500か所）で実施
●預かり保育の推進など幼稚園における地域の幼児教育センターとしての機能の充実	
●シルバー人材センターによる高齢者を活用した子育て支援の推進	
●待機児童ゼロ作戦のさらなる展開	待機児童の多い市町村を中心に保育所受入児童数を215万人に拡大
●放課後児童クラブの推進	全国の小学校区の約4分の3（17,500か所）で実施
●乳幼児健康支援一時預かり（病後児保育）の推進	全国の市町村の約4割（1,500か所）で実施
●家庭教育に関する学習機会や情報の提供の推進	全市町村で家庭教育に関する講座が開設
●児童虐待防止ネットワークの設置	全市町村
●虐待を受けた児童等に対する小規模グループケアの推進	児童養護施設等において1施設あたり1か所程度（845か所）で小規模ケアを実施
●自閉症・発達障害支援センターの整備	平成19年度までに全都道府県・指定都市で設置
●小児救急医療体制の推進	小児救急医療圏404地区をすべてカバー
●特定不妊治療費助成事業の推進	全都道府県・指定都市・中核市で実施
●子育てバリアフリーの推進	建築物、公共交通機関及び公共施設等の段差解消、バリアフリーマップの作成

目指すべき社会の姿〔概ね10年後を展望〕（例）

- ●全国どこでも歩いていける場所で気兼ねなく親子で集まって相談や交流ができる（子育て拠点施設がすべての中学校区に1か所以上ある）
- ●孤独な子育てをなくす（誰にも子育てについて相談できない人や誰にも預けられない人の割合が減る）
- ●全国どこでも保育サービスが利用できる［待機児童が50人以上いる市町村をなくす］
- ●就業形態に対応した保育ニーズが満たされるようになる（保育ニーズが満たされていると考える保護者の割合が増える）
- ●家庭教育に関する親の不安や負担感が軽減される（しつけや子育てに自信がないという親の割合が減る）
- ●児童虐待で子どもが命を落とすことがない社会をつくる［児童虐待死の撲滅を目指す］
- ●全国どこでも養育困難家庭の育児への不安や負担感が軽減される支援を受けられるようになる
- ●障害のある子どもの育ちを支援し、一人ひとりの適正に応じた社会的・職業的な自立が促進される
- ●全国どこでも子どもが病気の際に適切に対応できるようになる
- ●妊婦、子ども及び子ども連れの人に対して配慮が行き届き安心して外出できるようになる

（出所）厚生労働省

ち
②仕事と家庭の両立支援と働き方の見直し
③生命の大切さ、家庭の役割等についての理解
④子育ての新たな支え合いと連帯
となっています。

そして、五年後の目標と目指すべき社会の姿として一〇年後を展望しています。かなり具体的な数字も示されています。

この中で四点目の重点課題「子育ての新たな支え合いと連帯」が、これまでのエンゼルプラン、新エンゼルプランを踏襲した部分です。社会資源を利用しての子育ての社会化を図るという部分です。

子ども・子育て応援プランでは、子育ての社会化を図る部分が、四項目の中のひとつに位置づけれらています。それは、子育て支援は、社会資源の利用だけではないということを意味しています。

今回のプランの特徴は、働き方の見直しが示されていることです。先にも述べたように、長時間の労働の軽減や育児有給休暇の取得率の向上を示し、子育てへの力を振り向け

られるようにしています。

それ以外にも、たくましさや生命心の大事さなどが、子育て支援として示されているのも特徴です。

しかし、子ども・子育て応援プランという名前の通り、応援をするというニュアンスが強く、遠くからエールだけを送っているという印象があります。

今回のプランの目玉のひとつが、育休所得率の向上です。一〇年後に女性八〇%、男性一〇%を目標値として示しています。

現時点（二〇〇八年一月）は、子ども・子育て応援プランが出されてから二年になります。この間に育休の取得率が向上したという感触はありません。

政府は、育休取得率は目標値に近づいているといいます。産経新聞には二〇〇八年九月に次のような記事が掲載されました。


「男性の育休取得が過去最高　国家公務員、目標には遠く」

人事院が13日発表した国家公務員（一般職）の平成一八年度育児休業調査結果による

と、同年度中に子どもが生まれた男性で育児休業を取得した人は全体の一・一%に当たる一四一人で、過去最高だったことが分かった。

人事院は「育児休業に対する認識が深まったのではないか」としているが、政府が目標にしている取得率十%にはほど遠いのが実情だ。

女性は同年度中に産休が終了した職員が対象で、取得率は全体の九一・四%で前年度に比べ一・〇ポイント低下したが、政府目標の八〇%は達成した。取得者数は六七人増の四七六二人だった。

平均の取得期間は〇・六カ月伸び一二・六カ月。一二カ月以上取得した人の割合は三五・四%で、一・七ポイント増加した。

また一日二時間まで勤務が免除される「育児時間」制度を利用した職員は七二六人で一三〇人増えた。うち男性三〇人、女性六九六人で、ともに前年度を上回った。

厚生労働省の一八年度調査によると、民間企業（従業員三〇人以上）の育休取得率は男性〇・五七%、女性は八八・五%で、「官」が先行する形となっている。

（『産経新聞』二〇〇七年九月一三日）

この数字を見ると、育児休業が伸びているように感じます。国家公務員が先行するのは当然でしょうが、民間企業でも女性の取得率が八八・五%と、子ども・子育て応援プランの目標値を上回っているように見えます。

数字上は確かにそうですが、ここにはマジックがあります。それは、働いている女性の取得率の数字ですが、結婚、出産を契機に仕事を辞めた人の数字は入っていないということです。

結婚退職、出産退職は、それぞれ寿退社、第二次寿退社といわれていて、めでたいこととされています。しかし、そのような言葉とは裏腹に、出産後に育休がとれずに仕事を辞めざるをえなかった女性も数多くいます。つまり、第二次寿退社の中には、喜んでやめた人もいますが、仕事を続けられないことに無念の思いをもってやめた人も多いということです。

産経新聞の記者で、自分も八週間の育休を取った原口和久は、先の政府発表の民間企業でも女性の取得率八八・五%について、自身のブログで次のように書いています。

「この調査での取得率は、出産時点で企業に勤めていた女性が分母となります。ところが、実際には働く女性の7割は第一子の出産を機に退社しているのです。これは「21世紀出生児縦断調査」で出てくる数字で、平成13年時点と、ちょっと古いのですが、世間一般ではよく使われているものです。仮に今も、企業に就職した女性の7割が同様の行動を取っているとすると、残るのは3割にすぎません。

さらに、なかには結婚しなかったり子供を産まなかったりする女性もいますから、そういう女性も除外。こうして残った女性、つまり妊娠・出産しても会社で働き続ける女性というのはおそらく、元々の数の2割もいないのではないでしょうか。その中の8〜9割が育休を取得しても、元々の数からみれば1割ちょっとにすぎないということになるのです。

説明が長く、かつ複雑になってしまいましたが、ご理解できたでしょうか？　要は、多数の働く女性は出産前に退社してしまうため、育休を取得するもなにもないのです。こうした実態を無視するかのようにして、残った女性の中だけでの取得率をはじき出しても実態は映し出されていないのです。

では、なぜ出産を機に退社してしまう女性が今もこんなに多いのでしょうか？　もちろん、「私は寿退社、専業主婦がいい」と考えている女性もいることでしょう。その一方で、本当は働き続けたいと考えてはいるものの、長時間労働が深刻化するなか、「子供を産んだ後も、今のような過酷な労働は続けていくのは到底無理」と思い、不本意ながら戦線離脱してしまう女性も相当数いるのです。

厚生労働省もこうした実態は把握しています。そして、子育てしながら働き続けることが可能な環境づくりが急務だということも分かっています。「ワーク・ライフ・バランス(仕事と生活の調査)」という言葉が注目されているのも、このことが要因の一つです。ということで、育休取得率が上昇したことだけで女性が働く環境が改善されたと判断するのは早計。これから育休取得率の話題が出てきたときには、こうした実態を思い出していただければ幸いです。」

(http://haraguchik.iza.ne.jp/blog/entry/262293/)

ここにあるように、もしこのような人たちも含めると、育休の取得率は下がります。

少し古いデータですが、ニッセイ基礎研究所の試算によると、二〇〇二年の女性の育休取得率は、政府発表で六四%ですが、第二次寿退社の女性まで含めると三八・五%に過ぎません。さらに、就業の有無にかかわらず、女性全体を分母にすると、一二・四%にしかなりません。

このような実情は現在でも変わっていないということです。育休の取得率が、実質で八〇%になるというのは、なかなか難しいことのように思います。

それ以上に厳しいのが、男性の一〇%という数字でしょう。男性が育休をとることへの抵抗感は、まだまだ大きなものがあります。先の発表でも、民間企業（従業員三〇人以上）の育休取得率は男性〇・五七%と、一%にも満たないのですから。しかもこの数字には、わずか一週間の育休取得者もカウントされています。引用した原口和久記者も、育休の期間は八週間に過ぎません。ニッセイ基礎研究所のレポートによると、二〇〇一年の男性の育休取得者の中で、一カ月未満が六八・八%です。

(http://www.nli-research.co.jp/report/report/2002/12/li0212a.pdf)

それに加えて、育休の間の所得保障や、復帰後の職場のポジションの問題を考えると、おいそれと育休はとれないというのが実情だろうと思います。

また、雇用者側にとっても、長引く不況で育休をとらせる余裕がなかったり、育休の間の所得保障に及び腰になる状況もあります。

ただそれ以上に、働き方の見直しが子育て支援なのだ、という理解が社会全体に希薄であるように思われます。そのことについては、エンゼルプランの影響が無視できないでしょう。社会資源を利用することが子育て支援だという固定観念がしっかり根づいているように思います。

働く母親にしろ、専業主婦にしろ、パートナーである男性の支えが必要であるというのは、以前から指摘されています。いや、母親を支えるのではなく、父親も母親と同等のパートナーとして子育てをすることの重要性については、論を待ちません。

一九九九年に、当時の厚生省が、「育児をしない男を、父とは呼ばない」というポスターを製作し、話題を集めたことがあります。このポスターは、多くの共感と同時に強い反感も買いました。

それほどインパクトがありましたが、その後、男性の育児参加が進んだという傾向はありません。現在に至っても、男性の育児参加をどうするか、というのが、子育てのポイントのひとつです。

そのような状況の中で、果たして男性の育児休暇の取得が進むでしょうか。現実には非常に厳しいのではないでしょうか。

育休に限らず、男性の育児参加は、今に至っても及び腰です。確かに一時期、男性の育児が進んでいるような感触がありました。一九九〇年代の頃、男性の参加が盛んにいわれていた頃です。

保育園での現象でいえば、園児の送り迎えに父親の姿が多くなったのがその頃です。それ以前は、園児の送迎はほとんど母親で、そうでなければ三世代同居の祖母でした。父親の姿は少なかったのですが、その頃に父親の姿が見られるようになりました。中には、夫婦で送迎するカップルも現れました。

その後、ある程度は父親の送迎は定着しましたが、しかしもう増える傾向にはありません。頭打ちになっています。やはり主たる送迎者は母親であり、父親の送迎は少数にとどまっています。そしてカップルでの送迎は少なくなりました。

当時は、男性の育児参加の現れとして父親の送迎を認識していましたが、現実にはあまり浸透しなかったということです。そのことを裏づけるかのように、男性の育児参加はまだまだです。

現在でも、父親が育児を分担しています、という声が聞かれるとき、その多くは、お風呂に入れることであったり、休みの日に家族サービスでどこかに連れて行くというようなことです。

女性は、男性に対してもっと積極的な参加を求めていますが、男性側はこの程度でも十分参加している気分になっているようです。つまり、男性側の意識と女性側の意識に大きなギャップがあるのです。

現在でも、保育園で子どもの熱が出たときなどの連絡先は、ほとんどが母親です。よほどのことがないと父親の登場はありません。つまり、職場から駆けつけるのは女性という一般的な認識が根強くあるのです。

運動会などの行事では、父親は積極的に参加しますが、本当に必要なのは、日常の子育てでの分担なのです。

子ども・子育て応援プランは、先の重点事項を見ると分かるように、社会全体で子育てを支援する仕組みを作ろうとしています。いわば、日本の社会を子育て支援社会に変革しようとしているのです。

しかし、笛ふけど踊らず、絵に描いた餅に終わりそうです。スローガンはあるが、その現実化は困難だといっていいでしょう。

その理由は、やはりエンゼルプランの影響でしょう。逆の言い方もできるかもしれません。社会通念が具体化された形としてエンゼルプランが現れたのかもしれません。

どちらにせよ、子育ては、まずは保育園で預かることが先決だという感覚が、社会通念としてしっかり根づいてしまったように思われます。そして、このような社会通念は、その前からの揺り返しといえそうです。

三歳児神話の衣更え

三歳児神話については、前に触れましたが、三歳までは母親が自分で子育てすることがいいという意味です。このことについて、厚生省が、平成一〇年の厚生白書において否定的な見解を示しました。そこでは次のように記されています。

「三歳児神話（子どもは三歳までは、常時家庭において母親の手で育てないと、子どものその後の成長に悪影響を及ぼす）には、少なくとも合理的な根拠は認められない。」

（『厚生白書　平成10年版』一九九八年）

このことについての議論が時折なされますが、現在では三歳児神話の拘束力は以前ほど強くありません。以前は非常に強かったものです。

現在では、母親の子育てである必要はなく、社会的な支援があれば子育てには問題がないことが知られています。もちろん、母親がいなくていいという意味ではなく、母親が育児をすべて丸抱えする必要はないという意味です。

三歳児神話という社会通念の強かった時期、赤ちゃんを保育園に預けることは必要悪でした。仕方がないからであって、本来なら預けるべきではないという感覚が強くありました。

それが一九九〇年代に大きく転換しました。先の厚生省の発表はそのような流れを受けています。しかしこれは、子育てについて根本的な変革が起きたわけではないように思われます。

むしろ社会の大きなうねりにともなって、家庭だけで、というよりも、母親だけで子育てを担うことの困難さが明らかになってきたということでしょう。かつては共同体での子育てが可能だった時代もありました。それが過疎・過密化の波によって崩れ、子育ては専業主婦のまさに「専業」の職務となりました。その社会通念を表現したのが、三歳児神話です。

時期も高度経済成長のまっただ中。日本全体がハイテンションで突っ走っていきました。男性は仕事で、右肩上がりの収入を目指してエコノミック・アニマル。女性は子育てに専業で教育ママ。もちろん、全員がそうだったわけではありませんが、世の中の活力がそのような状況をもたらしました。

しかし、ハイテンションのまま、いつまでも突っ走れるものではありません。それまでにも陰に隠れてよく見えなかった負の部分が、社会全体の疲労感とともに浮き上がってきました。

時期はちょうどバブル経済の時期。燃え尽きようとするローソクがひときわ明るく輝くように、空前の好況がやってきます。その裏では、さまざまな歪みが大きくなり、それが出生率の低下となって現れていきます。

そして、バブルがはじけた一九九〇年、まさしくそのとき、一・五七ショックが襲い、少子化の時代を迎えます。

少子化をどのように防ぐか、その手立てを考えるとき、母親ひとりが担っていることの困難さが明確になります。それを何とかしなければならない、としてエンゼルプランが提案されます。

その流れにおいて、母親ひとりに担われていた子育ての負担を、ほかの社会資源に振り向けるという発想になったのです。母親だけに子育てを負担させておいてはいけない、というところから、真っ先に父親の育児参加がいわれたはずです。しかし、それは大きな潮流にはなりませんでした。

次には当然、社会全体で子育てを支援するということも考えられます。当時を振り返ると、二一世紀の未来を担う子どもたちは社会全体で子育てしよう、という呼び声がよく聞かれていました。しかし、それもかけ声倒れになっています。

どうしてでしょうか。おそらく、いつの間にか子育てはどこかで誰かがすればいい、という感覚があったからでしょう。

三歳児神話とは、母親に子育てを押しつける言い分です。それが成り立たないとしたら、ほかに押しつけ先を探さないといけない。そのとき、男性は自分がそれを引き受けるとは考えなかったのでしょう。

男女共同参画がいわれても、多くの政策には男性の声が強く反映します。自分がその当事者になる気がないのであれば、押しつけ先は当然女性になります。家庭の母親には押しつけられない、ではどこがあるだろうか、として見えてきたのが、保育園でした。

保育園が、子育てを負担すれば少子化は解消するだろう、それがエンゼルプランの隠されたコンセプトになっています。

それは、子育ての担い手をほかに求めただけに過ぎないという小手先の解決策です。子育ての負担を母親から保育園へ転換するという政策は、的中しました。しかし、それは子育てを外注化することになったのです。

本来の意味で、社会全体で子育てを担うのではなく、社会の一部が子育てをやってくれという意識が進んでいきました。子育ての本質的な部分にかかわりなく、ただ引き受け手を変えただけですから、子育てにともなうもろもろのことが解決されたわけではありません。

子育ての負担感、不安感などは、保育園が負担しても解消されたわけではありません。保育園の負担が増加し、保育園自体も質を保つのに精一杯の状況に陥ってしまいました。

現在では、保育園だけでは限界があるので、より広範囲のカバーが必要だといわれています。そのことが、第1章で取り上げた外注化システムとしての子育て支援の広がりとなってしまいました。もちろん、良心的なところも多くあります。というよりも、多くの人が、良心的な営みとして子育てを支援しようとしています。そのことが、社会全体の流れの中で、外注化システムの中に組み込まれていくことが問題なのです。

結果として、少子化は解決にはほど遠い状態になっています。

第5章　子育て支援の在り方を問い直す

保育と子育ての分離の危機

　ここまで見てきましたように、保育園は子育て支援の最前線に位置しています。そこで働く保育士は、その役割を担っています。子育てをどのように担うかの責任感をもって取り組んでいるのは間違いのないところです。

　しかし、過去十数年間に起きた急激な変化に戸惑いを覚えているのも事実です。

　保育園の保育士の役割は、以前は保育園に在籍している子どもに限定されていました。在籍児以外の子どもにかかわることは、行政指導の枠外ということで、してはならないことになっていました。

　保育士が在籍児以外の子どもとのかかわりが認められたのは、一九八七年の「保育所機能強化推進事業」が制定されたときです。これは、その後、地域活動事業として展開される事業ですが、ここで限定的に認められました。

細かい経緯は省きますが、エンゼルプランによって、子育て支援を保育園が担うことになり、子育て支援の最前線に躍り出ることになりました。そのことによる変化に、保育園そして保育士が大きな戸惑いを覚えることになりました。

それまで、原則として在籍児とその家庭の支援を基本としていた保育士の職務に、在籍児外の子どもの保育とその家庭の支援がつけ加えられることになりましたが、そのことは、保育士の意識を、在籍児の保育と在籍児外の保育とに分断するという事態を生み出すことになったのです。

在籍児の保育は、保育士にとって当然の職務です。それに対して、在籍児外の子どもと保護者の保育と支援、いわゆる子育て支援は、保育士にとって不慣れなかかわりであり、混乱が生じました。

在籍児の保育については、子どもたちが毎日保育園に通ってきます。その子たちに、保育園で保育をしています。

しかし、在籍児以外の子ども、いわゆる在宅の子どもたちは、保育園に通ってくるわけではありません。何もなくて保育園に集まるということはありませんので、まずは在宅の親子を集める必要があります。

保育士は、そのようなアピールをしたことがありませんでした。在籍児の減少のために、募集をするというようなことはあったかもしれませんが、保育園に入園する必要のない家庭へのアピールというのは、保育士の意識外でした。

在宅の保護者の育児不安や育児困難が広がっている、その支援のために保育士のかかわりが必要である、という論旨はよく理解できても、それは抽象的な段階に止まっています。育児に難しさを抱える親子を支援するということの必要性は理解しながらも、どのような場を用意すればいいのかということは、想定することが困難でもありました。

そこでまずは、親子を集めるところから始まりました。親子で集まってもらおうというのです。保育園自体に空き部屋があればそこを使いますが、ない場合は、地域の公民館などの既存の施設を利用します。

当初は、アピールしてもなかなか集まりませんでした。今でこそ保育園の子育て支援は定着していますが、その頃は保育園に一般の親子が出かけていってもいいのだろうか、という認識でした。

それも継続するうちに改善され、徐々に親子が集まるようになりました。場所によっては、溢れるぐらいの親子の集合が見られるようにもなっています。

そのような状態から、子育て支援は始まっていきましたが、保育士がもっとも戸惑ったのが、子育て支援で何をしたらいいのか、ということでした。親子できているわけですから、そこで保育をすればいいのですが、それが戸惑いの大きな原因でした。

その背景には、子育て支援では、保育園での在籍児の保育とは違ったものをしなければいけないという意識があります。在籍児の保育と違い、親子できますから、保育士の保育は親の目の元に曝されることになります。

保育園では、日常の保育が親の視線に曝されることはありません。そこには、子どもと保育者しかいませんから。保育参観のような行事がありますが、それは特別な設定であり、また保護者もそのような意識をもって参加してきます。

在宅児の親子の子育て支援では、常に母親の目に曝されることになります。しかも、そこで出会う子どもは、在籍児ほどの理解をしているわけではなく、あまりよく分からないままに子どもとのかかわりをもたざるをえません。

そのようなことも含めて、子育て支援の保育では、親子を保育の流れにうまく乗せることを優先的に考えていくようになります。たとえば、七月ですと、親子で七夕飾りづくりを計画します。保育士は、材料等を準備しておきます。始まりから終わりまでがスムーズに進むように、親子の活動を調節します。もちろん十分楽しいひとときになります。

このような場づくりですと、訪問した親子はお客さんになります。保育士がホストで、親子は楽しさを味わうゲストという位置づけです。

親子がお客さんでいけないのか、と思われるかもしれません。しかし、これは、保育の本質的な部分と矛盾しています。

乳幼児の保育には、長い歴史があります。保育園の場合、法律的には児童福祉法の施行された一九四七年以来ということになりますが、保育の実践の源流はもっと遡ります。一般的に源流と認識されているのは、一八四〇年にドイツのフリードリヒ・フレーベルによって設立されたキンダーガルテン（Kindergarten）です。ドイツ語を直訳すると、「子どもの庭」となりますが、その精神は、子どもの中から生まれる遊びを重視していることです。遊びを通して子どもは発達するということを、フレーベルは具現化したわけです。

これが保育の原点となっています。すなわち、子どもが自分から始める遊びが何よりも重要性をもっています。ですから、保育においては、子どもの主体性が何よりも大事にされますし、主人公は子どもそのものです。保育者は、子どもとともに生活する存在となります。
保育の本質をそう位置づけると、子育て支援において、参加する親子がお客さん扱いされるのは、いささか矛盾した営みであるということが分かります。そのようになった背景に、保育士の混乱があったわけです。

子育て支援をするということへの戸惑い。それをいくつか挙げると、参加する子どもと日常的にかかわっているわけではないので、子どものことをよく知らないということがあります。また、参加のペースも親子に任されますので、継続的に参加する親子とたまにしか参加しない親子との関係のあり方も違いがあります。そして、何よりも現場の保育士の戸惑いを招いたのは、保護者にみられながら保育するという状況でした。

これらをクリアしようとすると、始まりから終わりまでを決まった流れで展開し、そこに親子が参加するという仕組みになりがちです。そのやり方は、先述した子どもが主人公になる保育とは異なるものにならざるをえません。つまり、保育園の保育士が行う子育て支援でありながら、保育の本質から遠いものになっているのです。

保育所保育指針の改定

保育所の保育を示したものに、『保育所保育指針』というものがあります。二〇〇八年（平成二〇年）三月に改定版が告示されています。

保育所保育指針の最初は、一九六五年（昭和四〇年）です。厚生省から通達文書として示されたものです。その後、一九九〇年（平成二年）、一九九九年（平成一一年）に改定され、今回が三回目の改定です。

今回の改定から、通達文書ではなく告示文書となり、法令的にも保育所保育の基準を示すものになっています。

今回の改定の特徴はいくつかありますが、その中で、生活の場というとらえと、保護者に対する支援という二点をここでは取りあげます。

まず、生活の場ということですが、これは次のような文章で示されています。

「第1章　総　則

2　保育所の役割

（1）保育所は児童福祉法（昭和22年法律第164号）第39条の規定に基づき保育に欠け

る子どもの保育を行い、その健全な心身の発達を図ることを目的とする児童福祉施設であり入所する子どもの最善の利益を考慮し、その福祉を積極的に増進することに最もふさわしい生活の場でなければならない。」（傍点筆者）
（『保育所保育指針』厚生労働省、二〇〇八年）

ここにあるように、保育園という施設は、子どもの最善の利益を実現するためにもっともふさわしい生活の場であることを、求められています。子どもの最善の利益とは、子どもがもっとも自分らしく生きることを意味するものですから、最善の利益が具現化されるポイントのひとつが、子どもが遊びを通して発達するということです。そのような場として保育園は社会的な役割を担っているということです。

子どもの最善の利益が保障される生活の場として、保育園はあるということです。

保護者支援の重要性

また、保護者支援の重要性についても、保育所保育指針は第6章で、「保護者に対する支援」として取りあげ、次のように示しています。

「保育所における保護者への支援は、保育士等の業務であり、その専門性を生かした子育て支援の役割は、特に重要なものである。」
(『保育所保育指針』厚生労働省、二〇〇八年)

このように、保護者への支援は、保育士の専門性の上に成り立つものであり、その重要性を明記しています。

そして、保育園に入園している子どもの保護者に対する支援と、地域における子育て支援とに分けていますが、どちらにも共通する支援の基本として、「子どもの最善の利益を考慮し、子どもの福祉を重視すること」を一番目に挙げています。

つまり、保護者の支援の中でもっとも大事なことは、子どもの最善の利益であることが明記されています。そのことは先に取りあげたように、遊びを通して発達することです。

そうしますと、子育て支援での保育士のかかわりが、参加した親子をお客さんにしていては、保護者支援になりえていないことになります。

保護者の支援は、在籍児の保護者と在宅児の保護者とでは異なる部分があるとしても、共通すべき原則まで異なってしまってはいけません。

しかし、現実には、先に見たように、その二つが、別のものになる傾向があります。二つが別のものになるということは、期せずして子育ての外注化を後押ししていることになりかねません。

子育て支援において、参加する親子が、お客さんになっているということは、いい換えれば、保護者が、子育て支援という外注化サービスを消費しているということです。そこでは、保護者は、サービス内容の形成者ではなく、消費者という立場にあります。

そのため、保護者から見れば、子育て支援は、子どもを一定時間預かって遊ばせてくれるところ、という認識になってきます。さらには、保護者自身も楽しませてもらおうという感覚になるでしょう。そのとき、「遊ばせてもらう」というのは、お任せの感覚であり、それが外注化の感覚です。

そのような感覚を、保育士自体が助長してしまっているところに問題があります。つまり、子育て支援の急展開という混乱の中で、社会の流れに棹《さお》さすような感じで、外注化を促進したという部分は、反省しなければならないところです。

子育て支援と保育はひとつのものである

このことを反省し、生かしていくために必要な認識は、在籍児の保育と在宅児の子育て支援の保育とは、二つ異なるものがあるのではなく、ひとつ同じものであるという基盤に立つことです。

そのためには、子育て支援の保育の取り組みを見直す必要があります。そのひとつの例が、子育て支援の保育を、子どもの最善の利益を考慮して遊びを通して発達するという視点からとらえ直すことです。

その場合に必要なことは、子どもから遊びがはじまるということです。子どもを遊ばせる、というのでは、遊びの良さが失われますので、子どもから遊ぶということを徹底していく必要があります。

そのような場では、最初からタイムスケジュールを決めて進めていくというやり方は、成立しません。また、子どもによって興味、関心も異なりますから、環境の構成も柔軟である必要があります。そのような場づくりがまず必要になります。

そうすると、子どもから遊びがはじまります。それを受けて、保育士がかかわりをもつことになります。同時に、保護者も子どもの遊びを見、遊びにかかわることになります。

何といっても、子どもは一番好きなお母さんと一緒にしたいという気持ちをもつことが多いからです。

そこでは、保育士のかかわりは、保護者から見られることになります。しかし、方向を変えて考えれば、保護者のわが子へのかかわりも他者の視線に曝されることになります。つまり、見る—見られるの関係が、双方向として立ち上がってくるのです。

育児不安への支援

現在の子育て状況においてよく指摘されるのが、母子密室による育児の孤立と不安です。そのことは、本書でもこれまで取りあげてきました。それに対応するひとつの在り方が、子育て支援の保育にあるのです。

ここまで述べてきたように、母子密室型の場合、保護者つまり母親は、自宅に閉じ込められたような状態にあります。他者とのかかわりをもつことがないというのが、大きな孤立感と不安感をもたらします。

そのような母子が、計画通りにレールに乗せられて過ごす子育て支援の場に参加をしても、ある種の解放感は感じられるかもしれませんが、その場を去ると、また元の状態に戻ります。そのことを繰り返しながら、何とか子育てにともなう困難を凌いでいくということになります。

子どもの遊びを大事にする子育て支援の場では、その様相が変わります。子どもから遊びが始まりますから、子どもとのかかわりは、そのときどきで変化をします。前もって決まったように進行はしません。

保育士は、そのときどきで子どもとのかかわりを臨機応変に行います。同時に、子どもは、母親も求めます。いくら保育士がいるといっても、子どもにとってもっとも近しい人は母親です。何かにつけて母親を求め、母親もかかわりを返すことになります。

これが、企画通りに進行するような活動内容であれば、母親のかかわりもその進行にそって動くことになります。また、流れに乗れない子どもについては、急き立てるようなかかわりになるかもしれません。

子どもの遊びが保障される場では、母親も子どもへのかかわりをその状況に応じて行うことになります。つまり、いつもは密室状態で行っている母子の関係が、子育て支援の場に現れることになります。

保育士は、見られながらの保育に抵抗をもつといいましたが、それは母親も同様です。

母親自身の子どもとのかかわりも、保育士やその場にいるほかの母親に見られることになります。他者の視線に曝されることになるのです。

母子密室傾向にある親子が、オープンスペースの元に現れてくるということは、母親にとって自分の子どもへのかかわりを他者の視線を通して見直すことにつながります。

さらに、自分が見られるだけでなく、ほかの母親と子どもとのかかわりも、自分のまなざしで捉えることが可能になります。善し悪しではなく、ほかの母親のかかわりを通して、いろいろな刺激を受けることもあるでしょう。思いもよらないかかわり合いに気づかされることもあると思います。そのことが、また自分の子育てに反映する可能性が生まれてきます。

そこに、保育士の専門性をもったかかわりも位置づけられることによって、子どもへのかかわりを考え直す場が生まれてくることになります。

母子密室の中で募る育児不安が、そのような子育て支援の場を通して、確かなかかわりを模索する能動的な姿勢へと変化することがありえます。そこでは、不安がありながら、しかし、その不安は自分だけのものではなく、他者と共有できることにより、軽減されていきます。そして、子どもが遊びを通して育つということを、母親自身のかかわりを通して実感できる場になっていくのです。

保育士の子育て支援の意味

このような子育て支援は、子どもの遊びの大切さを、日々の保育の中で実感している保育士だからこそ可能にできるものです。ただ親子が集まって、一定の時間を与えられたメニューに従って過ごしていくというのではなく、子どもから始まる遊びを尊重するような場の設定や、子どもの遊びを支えるようなかかわりという保育の本質的な部分とつながる子育て支援だからです。

保育所保育指針には、保護者支援の基本として、「保護者とともに、子どもの成長の喜びを共有すること」と示されています。そのことは、何よりも子ども自身の発達の力を実感することですし、それが遊びを通してなされていくことを理解することでもあります。

子育ての外注化の問題は、子どもがモノのように預けられてしまうことの問題です。そうではなく、子ども自身の生きる力が十分発揮されていくような子育て支援の場が、しっかりと展開されていくことこそが、今の社会に求められています。

子育て支援の場は、量としてもまだ不十分です。しかし、量だけを追求して外注化の波に足下をすくわれてはいけません。量だけでなく、十分な質をともなったものとして展開されていくときに、子育てが外注化の危機を脱していけます。量と質の保障、それが子育て支援の展開において、最優先に配慮されなければならないことです。そして、そのような場の一端を担う存在として、保育士の果たす役割が問われてくるのです。

そうなっていくとき、子育ての外注化ではなく、子育ての社会化、といえるようになるのではないでしょうか。

おわりに

子どもにとって何が必要なのだろうか、そう自問すると、子どもが子ども時代を子どもらしく生きる、ということに行き着きます。

こう書くと簡単ですが、しかし、子どもたちが子どもらしい子ども時代を送っているかというと、現実はそう容易には言い得ません。子どもたちの生きる困難さが、私たちの社会にあります。

そのひとつが、本書のテーマである子育ての外注化の流れです。誰が悪いということでもないのに、子どもがモノのように取り扱われてしまっています。

この連鎖を断ち切るのは、ひとりひとりが子どもを育てるということの重大さを認識することです。これまで見てきたように、善意の人たちが子育てを支援しようとして、いつの間にか外注化に荷担してしまうことが多々あります。今後、子育て支援のためのよい施策が具体化されても、子育ては誰かが肩代わりしてくれるものだという意識がある限り、外注化の危うさはついて回ることでしょう。

今必要なのは、子育てを誰かに肩代わりしてもらうという意識から、子どもは人と人との関係で支え合っていくものであるという意識へと変わることです。そこから、子育てに優しい社会が生まれてくることを信じたいと思います。

最後になりましたが、本書の執筆をお薦めいただいた、シリーズ企画者の代表である大場幸夫氏、編集の労を取って下さった創成社の塚田尚寛氏、廣田喜昭氏に、心よりの謝意を表します。

二〇〇八年四月

前原　寛

《著者紹介》

前原　寛（まえはら　ひろし）

1958年生まれ。鹿児島県出身。
東京大学文学部心理学専修課程卒業。筑波大学大学院文芸言語研究科応用言語学専攻修士課程修了。
現在，鹿児島国際大学准教授。社会福祉法人至宝福祉会理事長。光明寺住職。
そのほか，第一幼児教育短期大学等で非常勤講師を務める。
保育現場に軸足を置きながら，保育者の専門性の発達について研究的関心をもっている。

著　書

『保育は〈子ども〉からはじまる』ミネルヴァ書房，2005年
『大丈夫？「心」の子育て』南方新社，2004年
『保育者が出会う発達問題』（共著）フレーベル館，2001年
『いい子に育ててごめんなさい』南方新社，1997年
ほか。

（検印省略）

2008年6月10日　初版発行　　略称－子育て支援

子育て支援の危機
―外注化の波を防げるか―

著　者　前　原　　寛
発行者　塚　田　慶　次

発行所　東京都豊島区池袋3－14－4　株式会社　創　成　社

電　話 03（3971）6552　FAX 03（3971）6919
出版部 03（5275）9990　振　替 00150－9－191261
http://www.books-sosei.com

定価はカバーに表示してあります。

ISBN978-4-7944-5024-1 C3234
Printed in Japan

組版：トミ・アート　印刷：平河工業社
製本：宮製本所
落丁・乱丁本はお取り替えいたします。

創成社保育大学新書シリーズ刊行にあたって

このたび、保育大学新書シリーズを刊行することになりました。

保育実践に関する本の数は膨大なものであります。とりわけ、保育現場の要請に応えるかたちで、実践のノウハウに関する著書がその大半を占めています。地域の子育て家庭の支援などが保育現場の重要な役割として評価をされ期待される時代ですから、この傾向は、衰えるどころかむしろ増加の傾向にあるといえましょう。そのように保育者に求められる知識や技術は実際的な生活支援という直接的な働きにとって欠かせない情報であるからでしょう。

このことを了解しながら、もう一方で、とくに最近の保育現場では、質の高い保育を求め、その質を確実に担う専門職としての保育者にも高い専門性を求められる気運が生じて参りました。折しも、本シリーズ刊行の年に、保育所保育指針が改定されました。指針が告示化され最低基準の性格をもつことになったのです。養護と教育の一体となった実践は、専門的な保育者によって、組織的で計画的な実践の営みを通して、子どもの最善の利益を護る生活の場を構築するという重要な役割であることを、これによって確認できたのです。

このような情勢を踏まえ、今回の企画は、実践の限られた世界を超えて、子どもの世界、子どもを支えるおとなの取り組みなど、幅広くそしてより深く自らの専門役割を認識し、保育実践を見据えることのできるように、興味深いテーマごとに刊行をしてまいります。

本シリーズの中から、〝この一冊〟を手にされ、そこに展開されるテーマの奥行きに触れるとき、新たな保育の地平線に立つご自身であることをお気づきになられる違いありません。そのような保育大学新書シリーズとして、保育に関心をおもちの多くの皆様に、お読みいただけることを願うものであります。

大妻女子大学学長　大場幸夫